《中庸》新解杂议

张之权 著

中国民族文化出版社
北京

图书在版编目（CIP）数据

《中庸》新解杂议 / 张之权著. -- 北京：中国民族文化出版社有限公司，2024.6. -- ISBN 978-7-5122-1924-3

Ⅰ．B222.15

中国国家版本馆CIP数据核字第2024MY0564号

《中庸》新解杂议

《ZHONGYONG》XINJIE ZAYI

作　　者	张之权
责任编辑	王　华
责任校对	李文学
出 版 者	中国民族文化出版社　地址：北京市东城区和平里北街14号
	邮编：100013　联系电话：010-84250639　64211754（传真）
印　　装	三河市龙大印装有限公司
开　　本	710mm×1000mm　16开
印　　张	8.5
字　　数	130千字
版　　次	2025年1月第1版第1次印刷
标准书号	ISBN 978-7-5122-1924-3
定　　价	60.00元

版权所有　侵权必究

自　序

本书所述内容，主要是对朱熹注释《中庸》时对"中庸之道"所做的"不偏之谓中，不易之谓庸"的解释提出异议，从这个角度说可以称为"中庸新解"。但是，本书对"中庸之道"的解释，却不是另起炉灶，而是忠于《中庸》原文，恢复《中庸》自身的定义和郑玄的注解，从这个角度说又谈不上"新"。

"不偏之谓中，不易之谓庸。中者，天下之正道；庸者，天下之定理"，早先是北宋学者二程（程颢、程颐）提出来的，不是朱熹的原创。但是，朱熹是二程学术上的继承人，他在注释"四书"时，完全继承了这个观点。所以，我们在讨论这个问题时就主要说朱熹。

"中庸"二字究竟应该怎样解释？至今找不到明晰的判定。这两个字最早见于《论语》。《论语·雍也》中：

子曰："中庸之为德也，其至矣乎！民鲜久矣。"

不过，通观《论语》，并没有对此语的解释。什么是"中"？什么是"庸"？不知道。"至"是"来到"的意思呢，还是"最好"的意思？不好确定。

《中庸》一书，虽然以"中庸"为名，但全书对"中庸"二字也没有专门解释。书中有"中庸"10处，另有含"庸"的2处（"庸德之行，庸言之谨"）。对于"庸"字，没有专门解释。

"庸"本是个多义词,它的内涵是附在"中"字上的。先确定"中"的含义,再对它进行恰当的匹配,朱熹说的"不易之谓庸"和郑玄说的"庸者,用也"都是这么做的。对于"中",《中庸》第一章有两句话,"喜怒哀乐之未发,谓之中""中也者,天下之大本也",也不算明确的解释。正是因为《中庸》对这两句话没有明确解释,留下了理解空间,所以发生了歧义,中国出现了两个"中庸"。一个是《中庸》原文和郑玄注释的中庸,一个是朱熹的中庸。这两个中庸的存在人们是知道的,但从南宋以后学界只宣扬朱熹的中庸,而完全抹杀了郑注中庸。

这种修改之所以不可避免,是因为《中庸》原文明确认定小人有中庸,朱熹则斩钉截铁地认为小人不配有中庸,两方面形成了尖锐的矛盾。小人也有中庸,是不利于朱熹的中庸之道存在的,因此必须修改。不是近义词的调整,是反对关系的变更。在现代这种事是谁也不敢做的,必然招致口诛笔伐,因为,在逻辑上保持论说概念的同一性是必须遵守的准则。在古代,朱熹他们没有这个约束,极具随意性。

事实上《中庸》是对的,这种修改是不能允许的,必须批评朱熹。

批评的矛头直指朱熹是很难被中国儒学界接受的。朱熹被学术界推崇为孟子以后(也有人说是孔子以后)的大儒,他的《四书章句集注》在元、明、清三朝被奉为圭臬,直到现在,绝大部分注释"四书"的学者仍将其视为金科玉律,不曾有任何怀疑。但在"不偏之谓中"这个问题上,朱熹的许多解释都是站不住脚的,或者说是牵强附会的,可是学界发出的赞许性议论文字,用"汗牛充栋"都不足以形容其多。在这种环境下批评他的错误,如果没有高度的唯物主义精神,人们就很难接受。

朱熹是儒学集大成者、宋代理学家,著述甚多。朱熹于宋建炎四年(1130 年)出生在今福建尤溪县,家境不好。祖父朱森"是一个只读经书,不问生计的酸腐士子,一生潦倒不得志"[①]。父亲朱松于政和八年(1118 年)戊戌擢进士第,授福建政和县尉。其祖父朱森随子入政和县传授理学,

---

① 束景南:《朱子大传》,商务印书馆,2003,第 10 页。

宣和七年（1125年）不幸病故，因家贫而不能归葬江西婺源原籍。朱松在赵鼎任宰相时，"除校书郎、迁著作郎"，又以御史中丞常同荐，"除度支员外郎兼史馆校勘，历司勋、吏部郎"①，可见其积有一定人脉。朱松诗名重当时，亲自培养了朱熹写诗的才能。

　　为了开拓沈郎（朱熹小名，因其出生于沈溪河畔而得名）作诗文的眼界，朱松常携带他出访名公硕儒和诗友，绍兴十二年九月他携沈郎有福州之游，是因为他的好友程迈来帅闽，但也是为了拜访归居长乐的著名诗人芦川居士张元干（幹）。张元干在胡铨上书乞斩秦桧被谪新州时，曾以一阕气壮山河的《贺新郎》送行曲而名垂青史，同朱松是志同道合的诗友。②

　　朱熹13岁时作诗已是"运笔生风，力能扛鼎"③。朱熹受父亲和家族的影响，年轻时究心于佛老之学。朱熹参加礼部试，用禅学的意思回答《易》《论语》《孟子》之义竟高中进士，后来师从李侗才弃释就儒。因而，朱熹对释、道、儒都有深刻研究，学识渊博。

　　朱松因秦桧决策议和而与同列上书皇帝表示反对，遭秦桧打击，便离开朝廷，"出知饶州"，未到任，47岁就去世了。这时，朱熹才14岁，家贫，依朱松遗嘱，奉母率妹赴福建崇安县五夫里投靠父亲的朋友刘子羽，在那里定居下来。他父亲的另一个朋友刘勉之"爱之甚厚"，把女儿嫁给了他。绍兴二十三年（1153年），朱熹受学于李侗。李侗也是他父亲的朋友，为程颐的三传弟子，对他十分器重，把贯通的"洛学"传授于他，可说李侗是朱熹成为理学大师的领路人。

　　黑暗的社会、腐败的政治、人民的疾苦、父亲的社会关系、贫寒的家境和良好的教育，是朱熹理学观形成的客观条件。

---

① （元）脱脱，等：《宋史》，中华书局，1977，36册，第12751页。
② 束景南：《朱子大传》，商务印书馆，2003，第37页。
③ 束景南：《朱子大传》，商务印书馆，2003，第39页。

朱熹19岁登进士第，22岁授福建泉州同安县（现属厦门市）主簿。他历经南宋高、孝、光、宁四朝，活了71岁，《宋史》称他"登第五十年，仕于外者仅九考，立朝才四十日"。这就是说他为官不到十年，其余四十年都从事讲学和著作。朱熹著作之多，在中国哲学家中少见。他自己撰写的和经他编定的著作有数十部之多，在其壮年，年年有著作，有时一年完成两三部，即使在为官任上也笔耕不辍。但是，涉及古书注释，亦有贻误。不过，这也在所难免，因为深思熟虑不足故也。

我们读书常有这样的体会：对同一本书，隔段时间再读，领会又不一样。朱熹经常碰到这个问题。他曾说："旧尝看《栾城集》，见他文势甚好，近日看，全无道理。"[1]

朱熹特别钟爱《四书章句集注》，注释了一生，修改了一生。有人要拿他的《中庸解》去刻印，他说："切不可！某为人迟钝，旋见得旋改，一年之内改了数遍不可知。"[2] 有人问他："《大学解》已定否？"他说："据某而今自谓稳矣，只恐数年之后又见不稳。"[3] 一直到庆元六年（1200年）临终前，他仍在修改《大学》"诚意"章。[4]

这说明什么问题呢？说明朱熹留世的《四书章句集注》，不应算"盖棺论定"。他在世时不断修改，今次之改，必因于前注之失。难道因他去世，后人就无权质疑他的前注之失？显然没有这个道理。朱熹所注"四书"，未能忠于原文的地方多有出现，"不偏之谓中"是影响最大的一处。本书专门讨论这个问题，在这里就不展开叙述了。

2013年，台湾学者傅佩荣先生出了一本新书《朱熹错了：评朱注四书》，书中列举朱注之失数十处。傅佩荣先生有这样两段话，我极为赞同。他写道："我们对朱注求全责备，实因其六百年以来成为科举考试的教科书，是所有念书人首先接触的注解。其影响深入而广泛，甚至掩盖了原文的

---

[1] 黎靖德：《朱子语类》，中华书局，1986，第1485页。
[2] 黎靖德：《朱子语类》，中华书局，1986，第1486页。
[3] 黎靖德：《朱子语类》，中华书局，1986，第257页。
[4] 黎靖德：《朱子语类》，中华书局，1986，第12页。

意思。许多学者先入为主，认为朱注的说法即代表孔子原意，而其实未必如此。""他的说法若有值得商榷之处，就须以合理的思维去验证。"①

傅佩荣先生说得很对，朱注《中庸》，有些地方确实"掩盖了原文的意思"，而学者们还以为它"代表了（中庸）原意"，连篇累牍歌之颂之，顶礼膜拜，取的却不是真经。

"不偏之谓中"，这句话没有错误。笔者批评的不是这句话本身，而是说这句话是朱熹等人硬塞给《中庸》的，不是《中庸》原文的精神。朱熹的"中庸之道"，美则美矣，说起来好听，其实从来没有人实践过。主要原因有两个。第一，到底什么是"中"？他们的解释太玄，绕来绕去，自己都搞不清楚。第二，是做不到。现在的问题是即使我们言之有据，言之成理，也不一定能被大家接受。

朱熹是"程朱理学"的集大成者。朱熹注释《中庸》时，理学系统已经形成，他的理学思想在《中庸》注释中表现明显。他极力推崇《中庸》，要求人们读"四书"时，先读《大学》，次读《论语》，接着读《孟子》，最后读《中庸》，"以求古人之微妙处"②。而他在注释《中庸》时，社会已前进了1000多年，社会生活的积淀，他的学识的增广，已经超过了《中庸》的承载范围，所以，他在注释中，就不自觉地在许多地方不顾及《中庸》的"古人之微妙"而塞进他的理学思想。于是，他所推崇的《中庸》就成了被他用"不偏之谓中"改造过的《中庸》。这种痕迹十分明显，表现出来的就是我们看到的他注释的《中庸》与原著《中庸》的多处矛盾。这种矛盾的消极一面是朱熹的"硬伤"，给朱熹造成了很大被动。研究朱注《中庸》，看不到两者的差别，只给朱熹唱赞歌，是没有读懂《中庸》，也是不了解朱熹理学思想的"硬伤"。

朱熹理学是中国封建社会儒学发展到宋代的表现形式，它的出现和存在有其合理性。简而言之，学术的抑扬兴衰都离不开政治。赵宋新政权的建

---

① 傅佩荣：《朱熹错了：评朱注四节》，东方出版社，2013，第26页。
② 黎靖德：《朱子语类》，中华书局，1986，第249页。

立，结束了五代那种政权走马灯式的更迭，自然会谋求经济发展的稳定和政治上的长治久安。每一个政权都是要有理论为其服务的。北宋前期就有一批有才能、有建树的知识型官员（如范仲淹、欧阳修等）从传统的儒家学说中找出思想武器为巩固北宋王朝的政治服务。二程理学就是在这期间发展起来的。

学术有从属于政治的一面，具有了一定规模之后，其"从属"的一面有时会变成强烈的政治诉求。朱熹与程颐相差90多岁，是程颐的四传弟子。朱熹出生时，北宋已亡，南宋偏安，秦桧当权（朱熹出生第二年秦桧为相），岳飞被害（是年朱熹13岁），官员腐败，生民涂炭，加上贫寒的家境，使其更了解民间疾苦，这些都反映到了他的思想里。他为人耿直，在为官任上，能体察民情，抑制豪强。他一方面不断给皇帝上书，揭露官场和社会弊端，一方面研究学说，并和其他学派的学者辩论、切磋，所以朱氏理学有反映社会要求的一面，这就是政治诉求，这是有进步意义的。

但是，这种进步是忠君的，是维护三纲五常的一种呼喊，是人为设计的皇帝和平民之间的一种平衡。

《中庸》说："非天子，不议礼，不制度，不考文。"这几样是一个国家的根本大计，是天子的专利。《中庸》又说："在下位，不获乎上，民不可得而治矣。"意思是说，身居下位的人，一定要想方设法获得君王的信任，不然你就得不到治国的授权，当不了官。它还说"天下之达道五"，其中第一个就是君臣之道，君就是君，臣就是臣，这是"达道"之中最重要的"道"。这些话都是皇帝最喜欢听的，如此，哪个皇帝不喜欢《中庸》？

儒家学说里面还有"自天子以至于庶人，壹是皆以修身为本""正心""诚意""慎独""中庸""民贵君轻"等思想。这一类话，似乎对皇帝也是有制约性的，很多知识分子特别喜欢这些话，尽管不起作用，士大夫们却陶醉其中，民众也乐意接受这些思想。朱熹专门提倡"四书"，这些东西都被从"四书"里发掘出来，成为全社会都能接受的东西。再加上他反复论说的"存天理，灭人欲"，所以朱熹的学说能被当朝统治者欣赏，被抬到很高的地位。皇帝抬，知识分子也抬，社会各界都抬，于是越抬越高。

哲学来源于对世界的认识，也是解释世界的学说，具体而言是解释人和客观事物以及人与人的关系的，时代不同，解释的水平也不同。《中庸》作为哲学著作，其内容的广度和深度都不及《道德经》，但它的哲学思想的明晰度优于《道德经》，这跟它比《道德经》晚很长时间有关，也跟它的内容单一且贴近当时的社会生活有关。

《中庸》哲学思想的核心是"诚者，天之道也；诚之者，人之道也"，它承认事物的真实性是客观存在的，这是一种唯物主义态度。对于这种客观的真实性如何认识？它提出了一套"诚之"的方法，就是"博学之，审问之，慎思之，明辨之，笃行之"，归纳起来这是一套"求实"的方法。真正的"中庸之道"是求实之道，说得非常明白，比《道德经》明晰许多。只是被朱熹的"不偏之谓中"掩盖了光芒。

《中庸》的哲学特征是，观察事物的态度有唯物主义成分，而认识事物的方法基本是主观体验式的，合起来是一种主观唯物主义。它承认事物的客观存在，却靠主观体验去认知事物的规律性。如果用在社会的政治、军事等方面，有社会实践作基础，它就具有很大的优势。这时，它的认识是否正确，可以由事情发展的结果予以证明。如果用在自然科学领域，它不强调物理、化学方法的验证，对很多问题都是知其然而不知其所以然，不能将问题刨根到底。

现代的辩证唯物主义是建立在自然科学的发展上面的，人们在实践中取得的认识是否正确，还需在以后的实践活动中进行检验。而正确认识往往不是一次实践就能取得的，必须经过多次实践、多次修正错误才能取得。凡属科技方面的认识，必须有科学实验的验证才能算数。

朱熹晚年，程朱理学曾被彻底否定。朱熹得罪权臣韩侂胄，皇帝对他的"聒噪"也厌烦了，在他67岁的时候，"程朱理学"被朝廷定为"伪学"，还有人上书要求斩杀他。是时，"四书"等儒学书籍被列为禁书，被列入"伪学逆党籍"的官员有名有姓的达59人，其中宰相就有4人[①]。当时的压

---

① 张立文：《朱熹评传》，南京大学出版社，1998，第35页。

力是很大的，但是朱熹仍然讲学不辍，处之泰然。他去世后不久，即全面翻案，学说被尊崇，人也被抬高，朝廷追赠的名号有"中大夫""宝谟阁直学士""太师""信国公""徽国公""齐国公"等。朱熹被否定得彻底，翻身得也彻底，打而不倒。这是什么原因呢？有政治因素，也是他的学说的内在因素决定的，具体内容许多研究朱熹的著作对此都有详尽记载。

本书不是研究朱熹的专著，之所以较多联系朱熹，是想通过他注《中庸》之失这个窗口认识朱熹学说的特点，进而正确认识《中庸》。

中国两个"中庸之道"区别的源头在于对"喜怒哀乐之未发，谓之中"这个判断中的"发"与"中"的解释不同，两者相去较远，不能互相参照，互相补充。它们只能"共存"，各说各的，各行其是。

近几十年，出现了一种不严谨的风气，有些学者在其著作中直接修改了原文，写成"小人之反中庸也"，开始只有少数几人，现在则比较多见了。

朱熹对"中庸"的解释，有完整的体系。他学问高深，当时的人们没有能力批评他。写作本书的目的，不在于批判朱熹，而在于弄清楚他所主张的究竟是什么？他的中庸之道和《中庸》原著究竟有何区别？他的理论和我们现在的社会有多远距离？这些，对我们才是最有益的。

朱熹对《中庸》的注释，学界有人提出过不同意见，人数不多，都只是点到为止，没有深入论述。论述稍为具体一些的是卢元骏的《五经四书要旨》（台北三民书局，1972年）。

该书第94页说："程、朱解释'中庸'二字，'中'字的意义与郑氏所解虽难同，而'庸'字的意义则仅取'常'而忽去'用'了。我们试从《礼记》中使用'中庸'一词的文句会拢来看，从'常'与'用'两种解释来加以选择，似乎解作'用'字更易获合理。""《中庸》这一部书命名的含义，还是以郑玄的'名曰中庸者，以其记中和之为用也；庸，用也'较为中肯。"

如此寥寥数语，远远达不到将问题"说清楚"的要求。

本书的突出之处，就在于在"说清楚"三个字上下了功夫，说清楚了四个问题：

第一，朱熹的"中庸之道"在《中庸》原著里没有依据，它是曲解《中庸》原著并且通过修改原著才形成的理论。

第二，厘清了《中庸》原著脉络，揭示了《中庸》原著的"中庸之道"，同时指出了它的局限性，联系社会实际对此中庸之道做了必要补充。

第三，说清楚了朱熹所注释的《中庸》与《中庸》原著之间的原则性差别。它们具有不同的哲学特征，《中庸》是主观唯物主义，朱熹是客观唯心主义，两者差别十分明显，不需要讲什么道理，一目了然。

第四，《中庸》的哲学特征是主观唯物主义。

本书为什么侧重于"议"，有两个原因：

其一，关于《中庸》章句注释的书籍汗牛充栋，除了朱熹的《四书章句集注》和元、明、清三朝以及民国时期的千百种注本，现在的注释本也有数十种，我们无须再着力。

其二，是正确继承中华优秀文化传统的需要。

我们知道，《中庸》原著的本意是指导人们行动的，它在多处按照古人的——实际是儒家的准则进行了议论。这些议论经过朱熹等人之手被奉为金科玉律，人们必须无条件地遵照执行。这些准则是服从于、服务于"三纲五常"的，千百年过去了，时代环境发生了变化，无议不足以明理；不运用马克思主义的立场、观点和方法进行恰当的议论就会沦为封建文化的贩夫走卒。所以，本书联系《中庸》原著中的某些内容进行了适当议论，以期起到一定的提示作用。

例如，《中庸》说："素隐行怪，后世有述焉，吾弗为之矣。"这句话被很多人强调为做人要循规蹈矩。这显然是片面的，是不利于创新的。我们要重新审视"素隐行怪"，鼓励人们的创新精神。

次如，《中庸》是提倡孝道的，而儒家的孝道是服务于封建生产关系的，现在正在消亡过程中。这个消亡过程很快，没有正确的马克思主义观，就不能正确认识这种历史现象。

之所以定名为"杂议"，取其议论角度之广。本书既有对朱熹中庸理论之矫正，此为一议；又有对《中庸》原著正确理解之阐释，又是一议；还有在看待若干社会问题上朱熹理论与中庸的差别，又是一议；等等。如此构成杂议。虽曰杂议，并非茶余饭后的街谈巷议，请读者鉴察。

本书只是笔者多年来读《中庸》获得的一些心得体会，抛砖引玉，难免贻笑大方。

笔者读过几本水平很高的研究朱熹的专著，得到很多教益。这些著作都是从继承与发扬中华优秀传统文化出发的，对朱熹多有赞美之词，无可厚非。像朱熹这样的大学者，对中国文化的贡献是很大的，该赞美的应该赞美。本书所论"中庸之道"只涉及其学说的一个点，不是面，完全是个人一孔之见，没有针对任何学者的意思，我对这些作者皆充满敬意。

本书在撰写过程中，得到湖北工业大学汉语言传播系原系主任张剑平教授诸多帮助，无任感怀，谨致谢忱！

张之权

2021年2月2日于湖北工业大学

目 录

第一章 《中庸》的历史地位及注释概况 …………………… 001

第二章 朱熹的《中庸章句序》代尧舜立大统 ………………… 009

第三章 朱熹的"不偏之谓中"是大杂烩 ……………………… 016

第四章 朱熹面临的鸿沟和版本的修改 ………………………… 039

第五章 修改版本没有依据 ……………………………………… 042

第六章 "中庸"本义之探讨 …………………………………… 046

第七章 朱熹两个不能成立的论据 ……………………………… 057

第八章 《中庸》前半部分几个重点内容梳理 ………………… 060

第九章 修道的几个内容解析 …………………………………… 069

第十章 真正的"中庸之道" …………………………………… 076

第十一章 《中庸》的哲学特征 ………………………………… 088

第十二章 《中庸》和朱熹哲学思想之比较 …………………… 094

第十三章 朱熹的天理、人欲观撷拾 …………………………… 101

第十四章 对朱熹天理理论的研判 ……………………………… 107

第一章 《中庸》的历史地位及注释概况

《中庸》出自《礼记》，这一点从东汉郑玄注"三礼"（《仪礼》《礼记》《周礼》）以后一直是明确的。但在西汉初年并不明确，《中庸》最初是以独自成篇示人的，与其他书籍并列，地位很高。《汉书·艺文志》的记载充分显示了这一点。下面，笔者来说一说这个情况。

首先，是礼籍的毁灭严重。

"人生而有欲，欲而不得，则不能无求；求而无度量分界，则不能不争；争则乱，乱则穷。先王恶其乱也，故制礼义以分之，以养人之欲，给人之求。使欲必不穷于物，物必不屈于欲。两者相持而长，是礼之所起也。"（《荀子·礼论》）荀子从"礼"的功用方面，论述了"礼"的来源。在周王朝的贵族教育体系中，礼被当作"六艺"之首，足见礼之重要。礼者，礼节，与乐、射、御、书、数，被认为是"养国子以道"（《周礼·保氏》）。只是由于周王室衰败，各诸侯要扩张，《礼》的规定限制了他们的手脚，"乱臣贼子"的帽子有损于他们的名声，他们将众多礼籍毁灭了。到孔子时《礼》就已残缺不全，到秦统一时就"大坏"了，所谓"王纲解纽""礼乐崩坏"。《汉书·艺文志》是这样说的：

> 故曰："礼经三百，威仪三千。"及周之衰，诸侯将逾法度，恶其害己，皆灭去其籍，至孔子时而不具，至秦大坏。

这里说的"皆灭去其籍"，不是一个诸侯这样做，而是诸侯都这样做，自然损毁严重。

其次，秦朝灭亡后，《礼》是从哪儿出来的？

《汉书·艺文志》说："汉兴，鲁高堂生传《士礼》十七篇。"《汉书·儒林传》说："汉兴，言《易》自淄川田生；言《书》自济南伏生；……言《礼》，则鲁高堂生……"这两种说法中，"鲁高堂生"是吻合的，不同之处是，《汉书·儒林传》直接将《士礼》说成了《礼》。

《汉书·艺文志》在总结时也肯定了"鲁高堂生"，它说："汉兴，鲁高堂生传《士礼》十七篇。讫孝宣世，后仓最明。戴德、戴圣、庆普皆其弟子。"这就是说，到汉宣帝时传到了后仓。实际上中间还有萧奋和孟卿两人，高堂生传萧奋，萧奋传孟卿，到宣帝时孟卿传后仓，由后仓传到了戴德、戴圣及庆普。后仓很权威，他解说《礼》的著作数万言，"号曰《后氏曲台记》"（《汉书·儒林传》）。以后的脉络就清楚了。

汉武帝时立五经博士，"开弟子员，设科射策，劝以官禄"（《汉书·儒林传》），由于有官爵和禄利的刺激，"五经"的传习十分昌盛。武帝至平帝一百多年间，一部经的解说可以至百余万言，大师多达一千余人。《礼》的传习从最初的鲁高堂生一家，发展到13家，555篇（《汉书·艺文志》）。

再次，《中庸》是怎么提出来的？

《汉书·艺文志》对13家，555篇文的分布列了一个表（数字略有出入）：

《礼古经》五十六卷，《经》十七篇，后氏、戴氏。

《记》百三十一篇。七十子后学者所记也。

《明堂阴阳》三十三篇。古明堂之遗事。

《王史氏》二十一篇。七十子后学者。

《曲台后仓》九篇。

《中庸说》二篇。

《明堂阴阳说》五篇。

《周官经》六篇。王莽时刘歆置博士。

《周官传》四篇。
《军礼司马法》百五十五篇。
《古封禅群祀》二十二篇。
《封禅议对》十九篇。武帝时也。
《汉封禅群祀》三十六篇。
《议奏》三十八篇。石渠。

"《中庸说》二篇"就是在这里单独列出来的，看不出它和其他篇目的联系。现在所传的《中庸》全书3568字，不算大著作，秦以后能在第一批有关"礼"的著作中被单独列出来，足见它的地位之高。

对于《中庸》与各篇的关系，有关专家做了如下梳理：

《礼古经》十七篇，即《仪礼》的前身。各类有关《礼》的《记》一百三十一篇，加上《明堂阴阳》三十三篇，《王史氏》二十一篇，《曲台后仓》九篇，《中庸说》二篇，《明堂阴阳说》五篇，《古封禅群祀》二十二篇，《汉封禅群祀》三十六篇，《乐记》十一篇，《月令》一篇，即《礼记》的前身。[①]

这样就把《中庸》和《礼记》联系到了一起。

东汉以后又有人将它单独挑出来进行宣传和学习，南朝宋戴颙和梁武帝都注过《中庸》，但没有版本留传下来。《中庸》地位提升的关键因素是唐朝的科举考试制度。2018年8月25日，《光明日报》曾载杨少涵《〈中庸〉与科举》一文，对此论说颇详：

科举制度肇兴以后，《礼记》的地位继续巩固。唐太宗贞观四年（630）诏颜师古考定《五经》，贞观十二年（638）又诏孔颖达

[①] 王宁：《评析本白话三礼》，北京广播学院出版社，1992，第351-352页。

等人撰修《五经正义》,"令天下传习"(《旧唐书》卷一九六)。唐高宗永徽四年(653),《五经正义》最后刊定,"诏颁于天下,每年明经,依此考试"(《唐会要》卷七十七)。需要指出的是,《五经正义》"于《三礼》独收《礼记》,这是第一次以朝廷的名义正式将其升格为经,且拔之于《仪礼》《周礼》二经之上"(杨天宇《礼记译注·前言》)。直到唐玄宗开元十六年(728)"五经"增列为"九经",《周礼》《仪礼》才重新成为科举考试的内容。唐代科举考试最重要的是明经与进士两科,明经侧重于识字记诵,进士侧重于杂文策论。唐制规定无论是明经还是进士,都要加试"帖经"。帖经相当于今天考试中的填空题:给出一行经文,贴住其中三字,让考生填写。这就要求全国考生对"五经"的全部经文必须烂熟于心。从这时候开始,《中庸》逐渐为天下读书人所熟知。

中唐以后,《中庸》频频亮相科举考试中。首先,科考试卷从《中庸》出题。贞元十九年(803),明经科策问第二道题中有"蹈白刃或易于中庸"一语,即出自《中庸》第九章(孟二冬《登科记考补正》卷十五)。其次,考官策问使用《中庸》词语。贞元二十一年(805),权德舆策问考生时曾使用了"尽性""不敢作礼乐""哀公问政""文王无忧""凝道"等词语,这些词语皆出自《中庸》(《钦定全唐文》卷四八三《明经策问七道》)。最后,考生答题引用《中庸》内容。唐德宗贞元九年(793),二十六岁的韩愈二度参加吏部的博学宏词科考试,并作《省试颜子不贰过论》,其中就引用了《中庸》第二十一章"诚明""明诚"和第八章颜回"择乎中庸"的相应文句。[1]

---

[1] 杨少涵:《〈中庸〉与〈科举〉》,《光明日报》2018年8月25日,第11版。

到了北宋，由于君臣竞相推崇，研究的人越来越多，《中庸》的地位更加凸显出来。《玉海》卷三十四记载，宋仁宗于天圣五年（1027年）在皇家琼林苑赐新科进士王尧臣等377人闻喜宴于琼林苑中。宴会中赐每人御书《中庸》篇一轴，从此"遂以为常"。对于仁宗如此重视这一措施，《玉海》还有一段生动的记载：起初，仁宗想赐《中庸》，先命中书抄录完成，呈上以后，他就命宰臣张知白来诵读，读到"修身治人之道"，必使反复陈之，仁宗听完终篇才停止。宋仁宗13岁登基，这一年才18岁。一个如现在高中毕业生年龄的青年已经有了5年当皇帝的经验，他的好恶取舍是皇帝的身份决定的，对于《中庸》的修身治人之道，他自然喜欢。《中庸》第二十八章说"非天子，不议礼，不制度，不考文"，第二十章说"为政在人，取人以身，修身以道，修道以仁"，还说"在下位，不获乎上，民不可得而治矣"，哪个皇帝不喜欢这样的话？宋仁宗在位42年（1022—1063年），在皇帝中是不多见的，他赐《中庸》之举在皇帝中也是罕见的。天圣五年（1027年）宴赐《中庸》之后，过了7年[景祐元年（1034年）]，他又赐新第张唐卿《中庸》。又过了8年[庆历二年（1042年）]，赐杨寘《中庸》；又过了7年[皇祐元年（1049年）]赐冯京《中庸》；又4年[皇祐五年（1053年）]，赐郑獬《中庸》。26年间五赐《中庸》。

说这些有意义吗？当然有意义。再看下面的列举：

宋仁宗生于1010年，范仲淹生于989年，只大仁宗21岁，仁宗亲政时他正当盛年。欧阳修生于1007年，只大仁宗3岁。其他几位当时的著名学者都比仁宗略小，司马光生于1019年，王安石生于1021年，程颢生于1032年，程颐生于1033年，沈括生于1031年，苏东坡生于1037年。他们都在仁宗执政时期或稍后成长起来。皇帝如此重视《中庸》，朝廷考试出题有的也来自《中庸》，《中庸》对他们的影响力无疑是巨大的。

除了朝廷的导向，学者们对《中庸》的研究、发掘，应该说作用更大。著名哲学家张载"少喜谈兵"，范仲淹任陕西经略安抚副使时，张载曾去晋谒。范仲淹对他说："儒者自有名教可乐，何事于兵？"因而劝他去读《中庸》。后来，张载建立起了自己的哲学体系："张载之学，以《易》为宗，以《中庸》为体，以《礼》为用，以孔、孟为法。"① 到了二程，他们给《中庸》定了调："不偏之谓中，不易之谓庸。中者，天下之正道；庸者，天下之定理。此篇乃孔门传授心法。"② 从此以后，《中庸》研究就一直沿着这个轨迹发展下去，到了南宋朱熹时期达到顶峰。朱熹专门为《中庸》及《大学》《论语》《孟子》四本书作注，合称《四书章句集注》。《四书章句集注》集中宣扬了儒家的伦理道德思想，因此在元、明、清三朝备受推崇。由于科举考试试题很多出自"四书"，《中庸》里也曾出过考题，因此，不少人能将"四书"背得滚瓜烂熟。

民间读"四书"之风，在清朝被推翻之后很多年仍很盛行。1938年的时候，我们乡下（江汉平原）还办私塾，当时乡下没有新式学堂、新式教师和教材，私塾学堂只得还教"四书"。

《中庸》如此受到关注，研究者云集，注释名目之繁多达到惊人的地步。朱熹以前，学界对《中庸》的注释仍是夹在《礼记》中进行的，只有注、音义、正义、疏等几个层次的梳理文字。朱熹的《四书章句集注》出现以后，对其注释的名目日益增多，常见的有：（四书）集注、集解、集成、义、要义、精义、疑义、释义、解义、译注、通论、道贯、读本、窜释、说略、要旨、章句、或问、语类、训诂、本旨、衍说、喙鸣等；将《中庸》单列进行注释的名目又有：（中庸）注、论、解、义、义解、解义、大义、广义、讲义、篇义、辑义、新义、析义、口义、讲疏、顺讲、直指、辑略、研究、精注、类释、今译、质疑、探微、新解等，这些名目共计超过50种。

看看这些名目，就可得知人们对它重视的程度了。注释文字中对"中庸"是什么，说来说去只有那么几条。程颐以前，学界对《中庸》的注释比较单一，基本上墨守郑注。即使程颐以后，歧见也不多。

国学大师钱基博先生曾概括出四种说法：

---

① 潘富恩、徐洪兴：《中国理学》，东方出版中心，2002，第58页。
② 潘富恩、徐洪兴：《中国理学》，东方出版中心，2002，第65页。

郑玄《目录》云:"名曰《中庸》者,以其记中和之为用也。庸,用也。"(《礼记正义》引),此一说也。

程颐曰:"不偏之谓中,不易之谓庸。中者天下之正道,庸者天下之定理。"(杨时:《中庸解》自序)此又一说也。

程颐为《中庸》作解,自以不满其意而焚稿焉,遂以属门人郭忠孝。忠孝《中庸说》谓,"中为人道之大,以之用于天下国家"。又云:"极天下至正谓之中,通天下至变谓之庸。"(朱彝尊《经义考》引黎立武说),盖中之训,本诸师说;而庸之谊,兼采郑玄,折中二家之间,此又一说也。

朱熹曰:"中者,不偏不倚,无过不及之名。庸,平常也。"此又一说也。

钱基博先生虽然列出了四种说法,其实在郑玄以后的三种说法中,合起来还是一种,就是程朱的见解,并无什么新意。①

直接置疑朱熹"中庸"二字注释的人不多,都只是点到为止,没有深入论述。阐述得稍为具体一些的是卢元骏的《五经四书要旨》(台北三民书局,1972年)。

该书第94页说:

中庸二字的含义,据孔颖达礼记正义,引郑玄三礼目录的解释说,"名曰中庸者,以其记中和之为用也。庸,用也"。陆德明经典释文也引郑玄这一段话,但郑玄在中庸著作中又说:"庸,常也,用中为常道也。"所以郑玄对中庸之解释是兼具用与常两种意义,因此就合成为"用中为常道"。但是程颐却说:"不偏之谓中,不易之谓庸;中者,天下之正道;庸者,天下之定理。"朱熹也持相同的意见:"中者,不偏不倚,无过不及之名。庸,平常也。"

---

① 钱基博:《四书解题及其读法》,台北商务印书馆,1967。

程氏所说庸为不易，庸为定理，也便是常。是则程、朱解释中庸二字，中字的意义与郑氏所解虽难同，而庸字的意义则仅取"常"而忽去"用"了。我们试从礼记中使用"中庸"一词的文句会拢来看，从"常"与"用"两种解释来加以选择，似乎解作"用"字更易获合理。中庸这一部书命名的含义，还是以郑玄的"名曰中庸者，以其记中和之为用也；庸，用也"较为中肯。

这些话仍是在兜圈子，对于剖析朱注《中庸》之失没有什么作用。

《中庸》这本书，被朱熹抬得很高很玄，他引用二程的话说《中庸》一书"始言一理，中散为万事，末复合为一理""放之则弥六合，卷之则退藏于密""其味无穷"，等等。由于太过痴迷，按《中庸》本义注释不下去，就曲解《中庸》本义，进而修改了原著。

这本来是个明显的事实，可是继朱熹之后为《中庸》作注的人不讲原则，迷信权威，几乎都顺着朱熹的路子走，人云亦云。

按朱熹所注，"中庸之道"就是求中之道，就是不偏不倚，结果被误解为折中主义，形象很不好，伤了《中庸》元气。朱熹对《中庸》的曲解危害很大。《中庸》全书的宗旨是"用中以求实"，"求实"主旨在《中庸》里很明确，它用大量篇幅进行了论证。坚持求实思想，是有利于科技发展的。

那么，到底应该怎样认识《中庸》？"中庸"到底是什么意思？《中庸》有哪些值得肯定的地方？应该怎样评价它的历史地位？它算不算优秀文化遗产？这些问题还是要搞清楚的。为此，笔者提出了重新认识《中庸》这个问题，希望让它发挥应有的作用。

第二章　朱熹的《中庸章句序》代尧舜立大统

朱熹在注释《中庸》时，写了《中庸章句序》，对《中庸》的作者、写作目的、《中庸》的内容及意义作了全面介绍。这个序是朱熹理学思想成熟以后写的，反映了一部分朱熹的理学观点。现将此《中庸章句序》介绍如下。

《中庸》的作者，传统上认为是孔子之孙子思，朱熹也是这个意见。关于《中庸》的写作目的，朱熹在《中庸章句序》中，说是"子思子忧道学之失其传而作也"。什么是"道学"呢？朱熹没有直接回答，按他的论述，这来源于"道统"。

尧舜时期的思想，与孔子时期是有区别的，与朱熹时期更不可相提并论。

按现在史学界的说法，尧舜时期可算是原始共产主义社会到奴隶社会的过渡时期，私有制正在形成，但没有最后形成。尧和舜之间，有帝位"禅让"的做法，他们的那个"帝位"和孔子、朱熹时代的"帝位"不是同样的概念，他们的"帝"是部落或部落联盟首领，有"禅让"的可能。私有制引发的斗争已相当激烈，但不如后世的不可调和。

这里，可以引用司马迁《史记》的材料。《史记》的描述，在秦汉以后的封建帝王的眼里完全是不可思议的，绝对不能允许的，但尧舜时期却没有掀起血腥大浪。这反而可信：

舜的父母（后母）想害死舜，只有一个条件的存在才讲得通，就是私有财产的继承问题。舜的家中有牛羊、仓廪，自家还能打井，后母生了兄弟象，父亲喜欢继妻及象，待舜不好。舜却孝顺不减，名声传到尧那里去，尧就培养他，给他牛羊、仓廪、絺衣和琴，还把两个女儿嫁给他。可舜的父亲还想害死他。舜上房修仓库，其父从下面放火要烧死他，他抓住两顶斗笠跳下逃跑了。舜挖井，其父和象又给井填土要活埋他，舜早有预防，在井下面挖了个斜洞逃了出来。井填好了，象得意地说，这都是我的好主意！他占有了尧赐给舜的所有财产及两个妻子，家里的财产给了父母。《史记·五帝本纪》就是这么记载的：

"舜父瞽叟盲，而舜母死，瞽叟更娶妻而生象，象傲。瞽叟爱后妻子，常欲杀舜，舜避逃。"

"舜父瞽叟顽，母嚚（yín，蠢而奸诈），弟象傲，皆欲杀舜。舜顺适不失子道，兄弟孝慈。欲杀，不可得；即求，尝在侧（想杀他，不得手；要找他，他又常在身边）。"

"于是尧乃以二女妻舜以观其内，使九男与处以观其外。""尧乃赐舜絺衣与琴，为筑仓廪，予牛羊。瞽叟尚复欲杀之，使舜上涂廪，瞽叟从下纵火焚廪。舜乃以两笠自扞而下，去，得不死。后瞽叟又使舜穿井，舜穿井为匿空旁出。舜既入深，瞽叟与象共下土实井，舜从匿空出，去。瞽叟、象喜，以为舜已死。象曰：'本谋者象。'象与其父母分，于是曰：'舜妻尧二女与琴，象取之。牛羊仓廪予父母。'象乃止舜宫居，鼓其琴。"

舜的父母和弟弟象阴谋杀死舜及霸占财产的过程，《孟子·万章》有同样的叙述，可能《史记》取材于《孟子》。他们这样做是很嚣张的，如果不是为了财产，就不可能这样。这些记载有一定可信度。

尧将两个女儿嫁给舜，在朱熹时代，就是皇帝将两个公主同时下嫁给一个平民，完全不可能。尤为严重的是，象不但害死了驸马，还霸占了两个公主，而公主的父亲尧还在帝位，那岂止要诛戮他全家，还得夷灭三族！司马迁没有说，意味着此事没有发生，平和地过去了。这也说明时代不同，观念不同，没有相同的"道统"。而朱熹硬要说其中有"道统"相承，实在没有任何道理。再比如说，禹的父亲鲧，因治水不力被舜杀了，史称"殛鲧于羽山"。舜杀死了禹的父亲，最后又将帝位传给禹，而且是被杀者的儿子，这在朱熹时代是不可想象的。有什么"道统"可以相承？

在孔孟时代已经注意到了这种区别，孔子说是"唐、虞禅，夏后、殷、周继"（《孟子·万章上》），意思是尧、舜是以天下让贤，夏、商、周是父死子继，子孙代代相传。子思如果真要发扬其祖父的"道统"思想，孔子提出过"大道之行也，天下为公，选贤与能，讲信修睦"，是不是更应该宣扬"唐、虞禅"的道统呢？朱熹也是明白这个区别的。

所以，朱熹在《中庸章句序》中提出的这个"道统"问题是没有道理的。他还要解释"允执厥中"的"中"就是"无过与不及"，这是按自己意愿强加上去的，更不可采信。对此，笔者在后文有专门分析。"无过与不及"是孔子时才有的说法，"不偏之谓中"是朱熹等人的说法，将后世的这些说法加到3000多年前的尧舜的头上，然后又加以引用，作为《中庸》最古老、最原始的论据，是朱熹注释《中庸》的手法。当然，这在逻辑上是通不过的。

再分析一下《中庸》里面"仲尼祖述尧舜，宪章文武"的问题。朱熹注："祖述者远宗其道，宪章者近守其法"，其中"近守其法"是对的，"远宗其道"则似是而非，不可不察。

孔子对待古人的事迹有一个"述而不作，信而好古"的说法，这个态度是可取的。"述"是转述，传述；"不作"是不发挥，不新起，不添枝加叶。"信而好古"，相信转述的内容而喜欢古人古朴的风貌。

这话载于《论语·述而》，是告诉弟子，我孔丘转述给你们的古人的东西，我没有添枝加叶，我是相信它们并且喜欢那种古朴的风貌的。这是老师诚实的、负责任的态度。孔子比朱熹谦虚而谨慎：述而不作。

关于"祖述尧舜"，祖表示久远，孔子最远说到尧舜，但只是"述"而已，没有办法"宗其道"。

"宪章文武"就不同了，意思是遵守和彰显文王和武王制定的礼法制度。孔子明确说过："周监于二代，郁郁乎文哉！吾从周。"这里没有朱熹说的"远宗尧舜"的意思。孔子赞美过"大道之行也，天下为公，选贤与能，讲信修睦"，孔子也表示过"信而好古"，但这和"文武之道"不是同一个"道统"，朱熹说"子思忧道统之失其传"而作《中庸》是牛头不对马嘴的话。

朱熹断定了尧舜道统说的必然真实性，接下来，他认为这就是正宗的"道统"，并依此进一步展开了论述。他在《中庸章句序》中说：

> 心之虚灵知觉，一而已矣，而以为有人心、道心之异者，则以其或生于形气之私，或原于性命之正，而所以为知觉者不同，是以或危殆而不安，或微妙而难见耳。然人莫不有是形，故虽上智不能无人心，亦莫不有是性，故虽下愚不能无道心。二者杂于方寸之间，而不知所以治之，则危者愈危，微者愈微，而天理之公卒无以胜夫人欲之私矣。

这段话是他"理学"的一部分，我们来拆解一下。

第一，心的"虚灵知觉"本来是一体的。

第二，心分成"人心"和"道心"两部分。

第三，人心代表私心，道心代表公心。

第四，私心的产生，是因为每个人有形气，叫"形气之私"。道心来源于"性命之正"。

第五，这两种心每个人都有，"二者杂于方寸之间，而不知所以治之，则危者愈危，微者愈微"。

第六，结果是"天理之公卒无以胜夫人欲之私矣"（天理之公最终没有办法战胜人欲之私）。

这就是朱熹理学对人心、道心的界定。

既然公心不能战胜私心，那么怎么办呢？朱熹说，出路还在于尧舜说的

"惟精惟一"上面：

> 精则察夫二者之间而不杂也，一则守其本心之正而不离也。从事于斯，无少间断，必使道心常为一身之主，而人心每听命焉，则危者安，微者著，而动静云为自无过不及之差矣。

这一段话的意思是说，"精"，就是看清楚人心和道心二者之间的区别，不让它们混杂不清；"一"，就是专心一意守住本心不离其正。如果不间断地这样做，必定会"使道心常为一身之主，而人心每听命焉"。就是说，用道心指挥人心，就可以做到险恶的变安全，微小的变显著，人们的动、静、说话、做事，自然没有过头或不及的差错了。

这就是朱熹对人心、道心关系的阐述，是他"理学"思想的组成部分。

能够将3000多年前的尧舜提出的"人心"和"道心"解说得这样具体，自然是代替尧舜立言了。朱熹的这种大学者的大气作风，在他的著作中多有体现。孔夫子是"述而不作"，朱夫子是"述而好作"，这是两人风格上很大的不同。对朱熹有研究的学者，是不难发现这一区别的。

但是，《中庸章句序》的这段话完全是朱熹自己的理论，《中庸》里并没有这么说。

朱熹生于建炎四年（1130年），上距孔子出生将近1700年，距传说中的尧舜3000多年。这期间中国经过了全部奴隶社会和封建社会的多半，封建社会中鼎盛的汉唐都已经过去，经济和文化发展程度都很高的北宋也过去了。这时的朱熹代表3000多年前的尧舜来解释"人心"和"道心"，学者们能相信这个解释就是尧舜的本意吗？能相信这个解释合乎情理吗？能接受吗？

奇就奇在很多儒家学者都默认了，接受了！

这里有一大堆糊涂账：人心哪里来的，为什么一定是私心？道心哪来的，为什么一定是公心？虽然是糊涂账，他是有解释的。

朱熹解释说，人心代表私心，它是"生于形气之私"。什么是"形气"？

就是口、耳、鼻、目、四肢。有的学生就说，"如此，则未可便谓之私"。朱熹的回答叫人啼笑皆非。他说：

> 但此数件物事属自家体段上，便是私有底物，不比道，便公共。

> 如饥饱寒煖之类，皆生于吾身血气形体，而他人无与，所谓私也。①

这就是"人心"即"私心"产生的必然性，如果像他这样解释，那尧、舜、孔子都是天然有私心的，孩子一出生就有私心，而且"此数件物事"（口、耳、鼻、目、四肢）是至死都不离身的，所以"私心"是终生不可克服的。但是，他又说了，有一个"道心"可以"常为一身之主，而人心每听命焉"，这个能量哪儿来的？朱熹说，还是靠这个人去"察"，即"察夫二者之间而不杂也，一则守其本心之正而不离也"。这样，私心就被战胜了。

这些说法都属于朱熹的理学。

在《中庸章句序》里，朱熹接着说"道统"，在尧、舜、禹等圣人"其授受之际，丁宁告戒，不过如此"，天下之理，没有超过这个的。其后，如成汤、文、武之君，皋陶、伊、傅、周、召之臣，都以此继续道统之传，直到孔子。孔子以后，又传到了他的孙子子思。到子思的时候，道统之传"去圣远而异端起矣""子思惧夫愈久而愈失其真也"，于是作《中庸》"以诏后之学者"。

这就是朱熹说的《中庸》的写作目的。

关于《中庸》的内容，朱熹在《中庸章句序》也有概括：其曰"天命""率性"，则道心之谓也；其曰"择善固执"，则精一之谓也；其曰"君

---

① 黎靖德：《朱子语类》，中华书局，1986，第1486页。

子时中",则执中之谓也。

《中庸》一书的意义何在呢？朱熹的定调甚高，具体地说有两层意思：

第一，由于"异端之说日新月盛，以至于老、佛之徒出，则弥近理而大乱真矣"。然而幸亏有《中庸》一书的存在，所以程颢、程颐站出来抗衡就有了依据，得以继续千载不传的功业，排斥老、佛二家似是之非。也就是做到了在他们之前韩愈说的"觝排异端，攘斥佛老""寻坠绪之茫茫""回狂澜于既倒"（《进学解》）。这就是说，《中庸》是抵制异端的重要武器。这个评价是很高的。

第二，就《中庸》本身的特色，他在《中庸章句序》中说，"其书始言一理，中散为万事，末复合为一理，'放之则弥六合，卷之则退藏于密'，其味无穷，皆实学也。"这一层算是说得很玄了。

综上，按朱熹所说去阅读《中庸》是不妥当的。

介绍《中庸章句序》之所以要写这么多，是因为朱熹在这个序里特别提到的人心、道心的区别及它们产生的原因等内容都不是《中庸》里固有的，他用自编的"道统"说来证明他的"不偏之谓中"，是没有根据的。笔者就是为了证明这一点。

第三章　朱熹的"不偏之谓中"是大杂烩

一、"不偏之谓中"

这是朱熹对"中"的解释的重中之重，要重点介绍。

(一) 概要说明

《中庸》原文是这样说的："喜怒哀乐之未发，谓之中；发而皆中节，谓之和。中也者，天下之大本也；和也者，天下之达道也。"

这里没有"不偏之谓中"的影子，在《中庸》全文里也没有出现过这个提法。

为了解释这个"中"字，程颐和朱熹说了5个样本，5个样本的内涵都不一样。算上以现代学者童行白为代表说的一个样本，一共是6个样本，童行白的这个样本可忽略不计。程朱的5个样本值得讨论的有4个：一是由"喜怒哀乐之未发，谓之中"而生发的"不偏之谓中"，这是本书的重点；二是"执两用中"的"中"；三是"中立而不倚"；四是"不得中行而与之"的"中"。

他们还有一个"中无定方"的大发现，不值得讨论。

对"喜怒哀乐之未发，谓之中"这句话的破解，是朱熹"中庸之道"产生的源头，其他几个"中"，如"执两用中""中立而不倚""不得中行而与之"等，同"喜怒哀乐之未发，谓之中"均没有直接联系。但程朱等人通过"不偏之谓中"这个解释，硬是将它们统统收进了一个筐里，颇有放之四海而皆适的味道，实际上是强词夺理，生拉硬拽，搞成了大杂烩。

"不偏之谓中"是程朱对《中庸》特有的解释。

朱熹在《中庸章句》开篇有一个导言，他先说：

> 中者，不偏不倚、无过不及之名。庸，平常也。

随后，他又说：

> 子程子曰："不偏之谓中，不易之谓庸。中者，天下之正道；庸者，天下之定理。"此篇乃孔门传授心法。子思恐其久而差也，故笔之于书，以授孟子。其书始言一理，中散为万事，末复合为一理，"放之则弥六合，卷之则退藏于密"，其味无穷，皆实学也。善读者玩索而有得焉，则终身用之，有不能尽者矣。

这是程朱给"中"定下的基本调子。其后给《中庸》作注的人都用这个调子，用了800多年。这个调子有两个要点：第一，中就是不偏不倚；第二，中是天下之正道。

"喜怒哀乐之未发"的"中"为什么是不偏不倚呢？他们有系统解释。下面会详加介绍。

为了说得明白，在介绍之前，先说个大要：

"喜怒哀乐之未发，谓之中"这句话有三部分：喜怒哀乐，未发，中。

除此之外，应该还有一个"心"字，这句话字面上没有，实际上处处离不开它。包括程颐、朱熹在内的任何人，讨论"喜怒哀乐之未发，谓之中"都离不开"心"字，说着说着就把它抬出来了。

中国有两个"中庸之道"，一个是《中庸》原文和郑玄作注的中庸之道，一个是程朱的中庸之道。它们的区别就在于对"未发"和"中"的解释不同。这是我们在后文要重点讨论的内容。

《中庸》原著不是论文，是个讲述提要，许多地方没有交代细节。程颐和朱熹上距《中庸》1000多年，社会各方面进步很大，他们的思想更细腻了，书写手段也方便多了。他们就运用社会发展提供的有利条件，去细化《中庸》里的那些细节。《中庸》的名目不够用，他们就创造一些名目再进行细化。尤其是朱熹，他有一种代尧舜和孔圣立言的强烈愿望，细化工作超过其他学者。这种细化工作给人的印象是：有学问高深的一面，也有烦琐牵强的一面。

比如，《中庸》只说了"天命之谓性，率性之谓道""喜怒哀乐之未发，谓之中；发而皆中节，谓之和。中也者，天下之大本也"等几句很抽象的句子，他们在维护自己的"不偏之谓中"的论点时，对性、情、道、中、发、大本等概念和它们之间的关系，进行了几乎是前所未有的详尽解说。这些解说有的是概念窜移，有的违背了《中庸》原意而不自知，甚至出现了朱熹和程颐论断的抵牾。

(二) 具体介绍

围绕"喜怒哀乐之未发，谓之中"，一共要介绍 7 项内容。

1. "中"是喜怒哀乐"寂然不动"的状态

一定要注意，他们最初说的"中"，不是几何学上的中点的意思，也不是"执两用中"，而是寂然不动，人为地让脑子（古人指心中）形成空白状态。

程颐说："喜怒哀乐之未发，寂然不动，故曰'天下之大本也'。"①

程颐："中也者，状性与道之言也。"②

程颐："率性之谓道，则无不中也，故称中所以形容之也。"③

朱熹说："'中'是'状性之体段'。""'中'是虚字，'理'是实字，故中所以状性之体段。"④

朱熹说："静时是中，以其无过不及，无所偏倚也。"⑤

---

① 程颢、程颐：《二程集》，中华书局，1981，第 1178 页。
② 程颢、程颐：《二程集》，中华书局，1981，第 1183 页。
③ 程颢、程颐：《二程集》，中华书局，1981，第 1183 页。
④ 黎靖德：《朱子语类》，中华书局，1986，第 1512 页。
⑤ 黎靖德：《朱子语类》，中华书局，1986，第 1517 页。

朱熹说："只心有所主著，便是发。如著衣吃饭，亦有些事了。只有所思量，要恁地，便是已发。"①

朱熹说，"静时是中"，"动时是和（这句话不合《中庸》原意，《中庸》说"发而皆中节，谓之和"），才有思为，便是动"。②

弟子苏季明曾问程颐："喜怒哀乐未发之前求中，可否？"程颐说："不可。既思于喜怒哀乐之前求之，又却是思也。既思即是已发。"③

反正，心里动不得。喜怒哀乐想要发出之前或之后，都不能"动"，一动就不是"中"。

2. 喜怒哀乐"未发"便是中

"发"是多义词，"四书"里有两个用法。

一个是射发的意思。这个意思在古代比较突出，东汉许慎的《说文解字》将它收录在"弓"部（发的繁体是"發"，属"弓"部，不属"癶"部），只有一条注释：发，射发也；从弓，癹声。"四书"里有这个用法："引而不发，跃如也。"（《孟子·尽心》）

一个是启发、开导的意思，这个用法在《论语·述而》："不愤不启，不悱不发。举一隅不以三隅反，则不复也。"

程颐和朱熹注解"喜怒哀乐之未发，谓之中"取的是第三种意思："发生""产生"。"未发"即"没有发生""没有产生"的意思，这也是普通用法。朱熹说得很明白：

"喜怒哀乐未发谓之中"，只是思虑未萌，无纤毫私欲，自然无所偏倚。所谓"寂然不动"，此之谓中。④

"思虑未萌"，思虑没有萌生；"无纤毫私欲"，表示一丁点儿想法都没

---

① 黎靖德：《朱子语类》，中华书局，1986，第1516页。
② 黎靖德：《朱子语类》，中华书局，1986，第1517页。
③ 程颢、程颐：《二程遗书》，上海古籍出版社，2000，第250页。
④ 黎靖德：《朱子语类》，中华书局，1986，第1509页。

有。这就是他们将"未发"作"没有产生"解的明证。

朱熹说的那个"所"字，一般人不太注意。所者，处所也。"无所偏倚"，是没有可以偏倚的地方。为什么？因为脑子里一片空白，"思虑未萌"，无喜、无怒、无哀、无乐之故。这和"执两用中""中立而不倚"不同。执两用中，中立不倚，它们的两端是有实体的，这是没有实体的，空虚的。都有一个"中"字，但各个中是不同的。朱熹说：

> 已发未发，只是说心有已发时，有未发时。方其未有事时，便是未发，才有所感，却是已发……①

心里"未有事时"是"中"，"才有所感"就不是"中"！这才是程朱等人解释"中"的原始意义，他们一直都是这样说的，这也是我们认识他们"中庸之道"的原始出发点。而这个"中庸之道"不是《中庸》原文具有的。

程颐说："不偏之谓中。一物之不该，一事之不为，一息之不存，非中也，以中无偏故也。"②

程颐说："情之未发，乃其本心。本心元（同'原'）无过与不及，所谓'物皆然，心为甚'，所取准则以为中者，本心而已。"③

程颐说："只喜怒哀乐不发便是中也。"④

朱熹说："伊川（程颐，也称伊川先生）谓'当中时，耳无闻，目无见，然见闻之理在，始得'。"⑤

朱熹："喜怒哀乐如东西南北，不倚于一方，只是在中间。"⑥

---

① 黎靖德：《朱子语类》，中华书局，1986，第 1509 页。
② 程颢、程颐：《二程集》，中华书局，1981，第 1176 页。
③ 程颢、程颐：《二程集》，中华书局，1981，第 1152 页。
④ 程颢、程颐：《二程遗书》，上海古籍出版社，2000，第 250 页。
⑤ 黎靖德：《朱子语类》，中华书局，1986，第 1513 页。
⑥ 黎靖德：《朱子语类》，中华书局，1986，第 1516 页。

朱熹："喜怒哀乐未发，如处室中，东西南北未有定向，所谓中也。"①

朱熹还有一段话讲得很形象。他认为，观察喜怒哀乐要从未发、已发两方面考虑。程颐曾说："善观者却于已发之际观之。"朱熹以为未当："伊川又说于已发处观，如此则是全无未发时放下底。"他描述道：

> 今且四平著地放下，要得平贴，湛然（笔者注：清澈之意）无一毫思虑。及至事物来时，随宜应接，当喜则喜，当怒则怒，当哀乐则哀乐。喜怒哀乐过了，此心湛然者，还与未发时一般，方是两下工夫。②

从朱熹这段注解，可以看出，他对"中"的解释太痴迷了，到了违反人之常情的地步。他说"及至事物来时，随时应接，当喜则喜，当怒则怒，当哀乐则哀乐。喜怒哀乐过了，此心湛然者，还与未发时一般……"，喜怒哀乐可以随时起，随时放下，这是舞台上的角色。人的实际情感通常是延续的，不是戛然而止的。《论语》曾说"子于是日哭，则不歌"，还说孔子在齐闻《韶》，"三月不知肉味"。老人家还感叹道："不图为乐之至于斯也。"这才是生活，哪里会像朱熹说的"喜怒哀乐过了，此心湛然者，还与未发时一般"？突然破涕为笑、转喜为悲的事也有，不应属于"中庸之道"范围。

3. "中"与"道"的关系：中就是道

程颐弟子吕大临（北宋著名金石学家）明确提出：道由中出。

弟子有这种认识很自然。因为先生讲了，中是喜怒哀乐没有产生时的一种自然状态，它是不偏不倚的，纯净的，那么，理所当然地由这里产生的思想就是"道"了。

程颐纠正说，不对！这样说中和道变成了两个东西，它们是一个东西，中就是道。

---

① 黎靖德：《朱子语类》，中华书局，1986，第1507页。
② 黎靖德：《朱子语类》，中华书局，1986，第1513页。

这也是程朱"中庸"很让人挠头的地方，吕大临都转不过弯来，更不要说其他人。吕大临和程颐各有一番推理式的说明，大部分是从概念到概念的辨析。录如下：

吕大临曰："中者道之所由出也。"

子曰："非也。"（注：这里的"子"指程子，程颐。）

大临曰："所谓道也，性也，中也，和也，名虽不同，混之则一欤？"

子曰："中即道也。汝以道出于中，是道之于中也，又为一物矣。在天曰命，在人曰性，循性曰道，各有当也。大本言其体，达道言其用，乌得混而一之乎？"

大临曰："中即性也。循性而行，无非道者，则由中而出，莫非道也。岂为性中又有中哉？"

子曰："性道可以合一而言，中不可并性而一。中也者，状性与道之言也。犹称天圆地方，而不可谓方圆即天地。方圆不可谓之天地，则万物非出于方圆矣。中不可谓之性，则道非出于中矣。中之为义，自过与不及而立名，而指中为性可乎？性不可容声而论也。率性之谓道，则无不中也，故称中所以形容之也。"①

程颐的意思是说，由于"天命之谓性，率性之谓道"，道是"循性而行"的，所以"性道可以合一而言"，而"中"就不可以"并性而一"了。"中"只是对"率性之谓道"的形容之词，性不出于中，所以，不能说"道出于中"。

对于程颐的这种坚持，吕大临没有被说服，反而提出了更有力的反证。

大临曰："喜怒哀乐之未发，赤子之心，至虚无倚，岂非中乎？此心所发，无往而不中。"

---

① 程颢、程颐：《二程集》，中华书局，1981，第1183页。

吕大临的这个反证是有道理的。因为先生解释"未发"的"中"就是寂然不动，无所思虑，无所偏倚，似乎只有刚出生的婴儿才符合这个条件，所以吕大临就举出了"赤子之心"。

吕大临还说："圣人智周万物（圣人的智慧遍及万物），赤子未有所知，其心固不同也。孟子所言，特取其纯一无伪，可与圣人同尔，非谓无毫发之异也。无过不及之谓中，何从而知之乎？求之此心而已。此心之动，出入无时，何从而守之乎？求之喜怒哀乐未发之际而已。当是时也，至虚不倚，纯一无伪，以应万物之变，何往而非礼义哉？故大临以赤子之心为中，而曰中者道之所由出也。"①

看来，先生并未说服弟子，吕大临还是坚持"道由中出"。

4. "中"与"大本"的关系：中即大本

上文我们谈到吕大临认为道由中出，程颐指出"中即是道"，吕大临不接受，以"赤子之心"为中，坚持了道由中出的观点。

在这种情况下，程颐转到"大本"上来说服他。

程颐说：赤子之心，"而尔指为中，是不明大本也"②。

程颐说："'喜怒哀乐之未发，谓之中'，中也者，言'寂然不动者也'，故曰'天下之大本'。"③

"中也者，天下之大本也。"是《中庸》原著的句子，程颐和朱熹也说同样的话，但具体发挥时，他们和《中庸》原著及郑玄注解的意思不一样。

程颐："情之未发，乃其本心。""由是而出，无有不合，故谓之和。非中不立，非和不行。所出所由，未尝离此大本根也。"④

朱熹说："中，性也；'寂然不动'，言其体则然也。大本，则以其无不该遍，而万事万物之理，莫不由是出焉。"⑤

---

① 程颢、程颐：《二程集》，中华书局，1981，第1183页。
② 程颢、程颐：《二程集》，中华书局，1981，第1183页。
③ 程颢、程颐：《二程集》，中华书局，1981，第1178页。
④ 程颢、程颐：《二程集》，中华书局，1981，第1152页。
⑤ 黎靖德：《朱子语类》，中华书局，1986，第1151页。

笔者在这里特别注明：朱熹说"中，性也"，与程颐的观点是矛盾的。程颐在教训吕大临时，明确地说"中不可谓之性"。朱熹为什么会如此认为呢？原因在于他分得太细，概念太多，互相缠绕，结果自己把自己绕糊涂了。

程朱的这两段"大本"说，不是《中庸》原意。什么"无不该遍"，什么"万事万物之理，莫不由是出焉"，这些说法都是错误的。什么是"天下"？什么是维持天下的"大本"？他们都偏离了《中庸》的原意。

5. "中"和"心"的关系

这里有一个十分有趣的现象。

程颐和朱熹都讲到了"心"，有的地方已经明确讲到了"中"就是"心"，但他们把这个"心"拆得很碎，分成了：中、已发、未发、性、情、道、大本等。程朱引导人们谈的都是这些零件，"心"却成了配角。更有甚者，朱熹说"中，性也"，而程颐对吕大临明确指出"中不可谓之性"，朱熹竟和程颐发生了抵牾！可以肯定地说，朱熹不是有意为之，而是因为分得太细。

我们录几例他们谈到的"心"如下：

吕与叔（吕大临）云："未发之前，心体昭昭具在，已发乃心之用。"[1]

（程颐）情之未发，乃其本心。本心元（同"原"）无过与不及，所谓"物皆然，心为甚"，所取准则以为中者，本心而已。[2]

（朱熹）伊川所谓"凡言心者，皆指已发而言"。[3]

---

[1] 黎靖德：《朱子语类》，中华书局，1986，第1512页。
[2] 程颢、程颐：《二程集》，中华书局，1981，第1152页。
[3] 程颢、程颐：《二程集》，中华书局，1981，第1512页。

（朱熹）只心有所主者，便是已发。①

（朱熹）已发未发，只是说心有已发时，有未发时。②

朱熹将心分成"性"与"情"两部分，喜怒哀乐未发是性，已发是情。他说：

"中"字是状性之体。性具于心；发而中节，则是性自心中发出来也，是之谓情。③

性是未动，情是已动，心包得已动未动。盖心之未动则为性，已动则为情。所谓"心统性情也"。④

上面所引他们关于"心"的论述，是想说明这样的问题：人们讨论《中庸》，不可能不触及"心"。这是其一。其二，程朱他们既已另外生出一个"寂然不动"作为"中"的落脚处，是将"心"分解的结果，故只能回避这个"心"字，这是他们的大错。这就是程朱中庸之道！

6. 关于"在中"和"敬而无失"

朱程对"中"的解释，弟子问得很多，他们的解答也多。在解答中又生出了"在中"和"敬而无失"等说法。

（程颐）敬而无失，所以中也。凡事事物物皆有自然之中，若俟人为布置，则不中矣。⑤

---

① 黎靖德：《朱子语类》，中华书局，1986，第1516页。
② 黎靖德：《朱子语类》，中华书局，1986，第1509页。
③ 黎靖德：《朱子语类》，中华书局，1986，第1507页。
④ 黎靖德：《朱子语类》，中华书局，1986，第93页。
⑤ 程颢、程颐：《二程集》，中华书局，1981，第1177页。

（程颐）敬不可谓之中，敬而无失，即所以中也。①

（苏季明）又问："先生说喜怒哀乐未发谓之中，是在中之义，不识何意？"

（朱熹）喜怒哀乐未发，程子"敬而无失"之说甚好。②

朱熹对于程颐的主敬态度，给予了充分注意。

如今看圣贤千言万语，大事小事，莫不本于敬。③

自秦汉以来，诸儒皆不识这"敬"字，直至程子方说得亲切，学者知所用力。④

有人说圣人不单独说"敬"字，朱熹反驳说："圣人说'修己以敬'，曰'敬而无失'，曰'圣敬日跻'，何尝不单独说来！"⑤

总之，他们用"在中"和"敬而无失"解释"中"，不是临时起意。下面，我们就这两点作些解说。

"在中"不单独讲，在讲"敬而无失"时会顺带讲到。

"敬而无失"是一种什么状态呢？说来话长。

《论语·颜渊》有"敬而无失"的说法。原文是：

司马牛忧曰："人皆有兄弟，我独亡（此字在这里音义同'无'）。"子夏曰："商闻之矣：死生有命，富贵在天。君子敬而无失，与人恭而有礼，四海之内，皆兄弟也。君子何患乎无兄弟也。"

---

① 黎靖德：《朱子语类》，中华书局，1986，第1511页。
② 黎靖德：《朱子语类》，中华书局，1986，第1151页。
③ 黎靖德：《朱子语类》，中华书局，1986，第206页。
④ 黎靖德：《朱子语类》，中华书局，1986，第207页。
⑤ 黎靖德：《朱子语类》，中华书局，1986，第207页。

对"敬而无失"的解释,以杨伯峻先生为代表,一般都说成"对工作严肃认真,不出差错",这种解释不足以表达程颐的哲学境界,同时,与子夏对司马牛的评价相去甚远,不合原文要求。

司马牛其实是有兄弟的。他家是宋国的贵族,兄弟五人,原姓向,后改为桓。大哥向巢在宋国地位很高,官拜左师。这是春秋时期宋国设置的六卿之一,名义上是军队统帅。二哥向魋官拜司马,也是六卿之一,掌军政军赋,执掌军队实权。孔子带众弟子到了宋国,向魋出于嫉妒,担心宋景公重用孔子夺了他的宠信,他就带人要杀孔子。《史记·孔子世家》说:

> 孔子去曹适宋,与弟子习礼大树下。宋司马桓魋欲杀孔子,拔其树。孔子去(离开宋国)。弟子曰:"可以速矣。"(可以走快些)孔子曰:"天生德于予,桓魋其如予何?"

桓魋就是向魋。司马牛是老三,下面还有两个弟弟子颀、子车。他有自己的封地和财产。后来宋君和桓魋产生了矛盾,宋君要杀桓魋,桓魋叛逃到曹国,又逃到卫国。司马牛将封地和珪玉交给国君,自己到了齐国。可是,桓魋也到了齐国,齐国的掌权者拜他为次卿。司马牛将齐国的封邑还给齐国,到了吴国。《左传·哀公十四年》对此过程记载颇详。《左传》说,吴国人不喜欢司马牛,司马牛就返回了宋国。看来他不愿和桓魋在一起,是划清了界限的。他回到宋国后,"赵简子(晋国)召之,陈成子(齐国)亦召之",可见他是一位贤人,有"国际"影响。他最后死在鲁国,葬在鲁国。

从这个过程来看,司马牛的敬而无失和工作严肃认真没有关系,这种解释不确切。他的敬而无失主要表现是:第一,他没有反对国君,没有"犯上作乱",这在当时是所有行为准则中第一位的准则。第二,对于兄弟犯罪,他也承担了后果,退还了国君的封地,失去了地位。第三,他和兄弟划清了界限,桓魋到了齐国,他不相见。第四,他人际关系好,"与人恭而有礼"。当时的"五伦"——君臣、父子、兄弟、夫妇、朋友之间的原则,他都没有违反。

回过头来，再看司马牛和子夏的对话，意义又非同一般了。司马牛叹自己没有兄弟，这和独子的感叹不同，他是有兄弟但因为政治的原因而等于无，他的政治立场大家又是看到了的，子夏的话明显有赞许的意思。由于下文"恭而有礼"之前有"与人"二字，表明那已经是人际关系了，所以"敬而无失"则撇开了人际关系，应该是礼节制度方面的大是大非问题了。这个"君子"虽是泛泛之词，然而在那个时代，也是司马牛的实际社会身份（他就是名副其实的君子）。他们是面对面谈话，古人同窗之间都很客气，如果我们将"君子"加入"您"的成分来读，这段话就别有一番韵味了。子夏说："君子（您）在大是大非上敬而无失，与人恭而有礼。四海之内，皆兄弟也，您还担心没有兄弟吗？"

由此观之，敬而无失，还是解释为严肃庄重不失礼义比较好。

程颐的"敬而无失"的哲学意义更深沉，直指人的内心，是说只要保持严肃庄重的态度，就不会产生出格的举动，就是不偏不倚，无过与不及，就是正中，而且这就是天下之正道。

程颐特别说道，"敬不可谓之中，敬而无失，即所以中也"，如果有失，就不合"寂然不动"的要旨。

这种敬而无失的状态在现实生活中是存在的。但是，这恰恰证明了他们认识上的错误。

我们冷静地想一想：喜怒哀乐等情感是死的还是活的？它们是人的内心活动，本身就是动态的，一旦产生，不可能戛然而止，归于"寂然不动"。前文已提到孔子还每于"是日哭，则不歌"，在齐闻《韶》，"三月不知肉味"。就拿"敬而无失"来说，"敬"本身就是思想活动，如果没有思想活动支配，就严肃不起来，也不能保持"无失"。

朱熹也说："敬不是闭眼默坐便为敬，须是随事致敬，要有行程去处。"[①] 这更加证明"寂然不动"的不可信。

---

① 黎靖德：《朱子语类》，中华书局，1986，第 226 页。

7. 依靠什么来维持"中"

按照程朱的理论,"中"是"寂然不动"的,主静,是"思虑未萌,无纤毫私欲"的,这就产生了两个问题:

其一,怎样才能维持这种状态?

其二,平时一点儿思虑没有,怎样才能"发而皆中节"?

程颐和朱熹在和弟子的讨论中,想到了这个问题。他们为此专门提到了"涵养""省察""存养"等功夫。

伊川云:"涵养于喜怒哀乐未发之前,则发自中节矣。"①

(朱熹)曰:"未发已发,只是一件工夫,无时不涵养,无时不省察耳。谓如水长长地流,到高处又略起伏则个。如恐惧戒慎,是长长地做;到慎独,是又提起一起。如水然,只是要不辍地做。又如骑马,自家常常提掇,及至遇险处,便加些提控。不成谓是大路,便更都不管他,恁地自去之理!"②

先生曰:"已发未发,不必大泥。只是既涵养,又省察,无时不涵养省察。"③

(朱熹)曰:"存养是静工夫","省察是动工夫"。④

(朱熹)曰:"有涵养者固要省察,不曾涵养者亦当省察。"⑤

---

① 黎靖德:《朱子语类》,中华书局,1986,第1151页。
② 黎靖德:《朱子语类》,中华书局,1986,第1514页。
③ 黎靖德:《朱子语类》,中华书局,1986,第1514页。
④ 黎靖德:《朱子语类》,中华书局,1986,第1517页。
⑤ 黎靖德:《朱子语类》,中华书局,1986,第1515页。

（朱熹）曰："如涵养熟者，固是自然中节。便做圣贤，于发处亦须审其是非而行。涵养不熟底，虽未必能中节，亦须直要中节可也。"①

（三）几点辨析

　　写到这里，程朱他们对于"不偏之谓中"的论述的各主要方面我们都摘录到了。对于他们的这些解释，我们可以粗略地作出以下辨析。

1. 朱熹等人所说"寂然不动"的"中"，在现实生活中不存在

　　"寂然不动"和"静"，在社会已有的语言环境中，与"中"不是一回事，没有联系。那它们是怎样凑在一起的呢？有一个拐弯抹角的过程。程朱理学者从无喜、无怒、无哀、无乐，推导出"无所偏倚"，又从"无所偏倚"变成了"不偏不倚"，"不偏之谓中"就这样出现了。但是，在现实生活中，这样的"中"是不存在的。

　　人类社会发展到朱熹时代，人们的思想已经很活跃了。一个成年人，在接触外界事物时，总是带着已有的认知去辨别或取舍的，不是"无纤毫思虑的"（我们暂且抛开阶级立场）。比如，给他端来一盘红色的食物，如果是红烧肉，是他喜欢的，他就会不假思索，匕箸交加，大快朵颐。如果给他一盘红辣椒，他原本怕辣，自然会断然拒绝。如果是他从未吃过的西红柿，他也不会"无纤毫思虑"。红色，他早就认识了，不管是红色的牛羊肉，还是红色的蔬果也都能看出来，酸、甜、苦、辣之类的味道也是知道的。动口一吃，原已知酸可辨其为酸，原已知甜可断定其为甜。如果是完全陌生的东西，他脑子里也得盘算一下"是什么？"哪里会"寂然不动""无纤毫思虑"呢？

　　一切思想都是动态的，用"敬而无失"去指挥"寂然不动"，这本身也是动态的。朱熹说"中"就是"无纤毫思虑"，能知道自己是"无纤毫思虑"，岂不是又有思虑了？这个矛盾的存在是无法掩盖的。

　　世界上有没有无喜怒哀乐"寂然不动"静而为"中"的人呢？答案

---

① 黎靖德：《朱子语类》，中华书局，1986，第1515页。

是：有。

第一，婴儿。婴儿的嬉闹啼哭，不属于成人的喜怒哀乐。

第二，神志不清的病人。

第三，睡眠中的人。

除了这些人，一个正常的人，他的喜怒哀乐没有不是动态的。

通观《中庸》全书，所要解决的就是中的运用问题。"修道之谓教"，修是动态的。修的具体行为是"慎独""时中"，是"博学、审问、慎思、明辨、笃行"，全部是用"中"的问题，都是动态的。

2. 不符合认识论原理

人脑是物质的，人的认识是外界事物在人的头脑中的反映。人的正确思想是从实践中来的。

人们在实践中取得了认识，又以这个认识去指导新的实践，通过再实践修正认识，然后进一步地实践，再认识，不断提高，由感性认识到理性认识。

朱熹主张的"寂然不动""静而为中"的认识过程是不存在的，尤其是要人们做到"无纤毫思虑"，完全是不可能的。

《中庸》原著说："凡事预则立，不预则废。"就是说，人们在实践中，都是有预想目的的，所谓"寂然不动"的"中"是办不成事的。

3. 问题的根源在于他们对"发"字的解释出了偏差

《中庸》说："喜怒哀乐之未发，谓之中"。程颐和朱熹将"发"理解为"发生""产生"，这句话就变成了"喜怒哀乐没有产生的时候就是中"，他们的一切说明都是围绕这个意思展开的，他们的"中庸之道"也是由此产生的。但是，这里面究竟有一种什么道？不知道。

二、关于"执其两端"

程朱理学者解释的"中"，遇到了"执其两端，用其中于民""中立而不倚，强哉矫""中行"等说法时，原来的"寂然不动""思虑未萌，无纤毫私欲"等说法完全派不上用场。

朱熹"中庸"的"中"是表示状态的词,"不偏不倚"又是形容"中"的词语,朱熹也说"'中'是虚字",① 到了"执两用中"里面,它变成了实词,这本身就是一种混乱。

后代学者不考虑这种区别,索性将"中"看成事物的"正中",就是"不偏不倚",就是"无过与不及",也就是不左不右,不上不下,不高不低,不轻不重,不大不小之类,就是一切的正中。于是他们说,任何事物都有一个正中,中庸之道所求的就是这个正中。学者童行白20世纪30年代在他的《孔子》一书中说:

> 天下万事万物,无一不有其端,亦无一不有其中。就物理言之,一尺之两端,其中点为五寸,五寸之两端,其中点为二寸半。

这种认识,属于物理学和数学,并不符合《中庸》的哲学意义,没有讨论的必要。

但是,学者们从这个认识出发,只是与孔子说的有近似意义的"执两用中""中立"和"中行"之类就都成了"中庸之道"的论据。

如,《中庸》的"子曰:'舜其大智也欤?舜好问而好察迩言。隐恶而扬善,执其两端,用其中于民,其斯以为舜乎!'"这段话,朱熹就是作为"中庸之道"对待的。

首先,这个"执其两端"就有一个很大的问号。从上文来看,先是"察迩言"(切实了解浅近之言),然后是将迩言中"察"到的恶与善两端,一个隐之,一个扬之。下文说的"执其两端",这"其"与"两"所指就只能是隐恶与扬善,找不出其他。

但是问题来了,如果说"用其中于民"的时候,"隐恶"只隐一半,"扬善"也只扬一半,这又显得不合理。于是朱熹避免提恶,只从"扬善"中造出了两端,他说:

---

① 黎靖德:《朱子语类》,中华书局,1986,第1512页。

两端，谓众论不同之极致。盖凡物皆有两端，如小大厚薄之类，于善之中又执其两端，而量度以取中，然后用之，则其择之审而行之至矣。(《中庸章句》)

这样说，还有问题。朱熹对"两端"还是没有说清楚。因为在孔子那里，有时"隐恶"也不是坏事。《论语·子路》记载：

叶公语孔子曰："吾党有直躬者，其父攘羊，而子证之。"孔子曰："吾党之直者异于是：父为子隐，子为父隐，直在其中矣。"

所以，舜的"执其两端，用其中于民"究竟是个什么状况，至今还是个问题。

按朱熹的说法，两端如果指扬善，这仍然不合理，扬善时只扬一半，也说不过去。朱熹是位补漏洞的大师，他有学问，弥补过好多漏洞。有弟子问"执其两端而用其中"是什么意思。这时，他就脱离了《中庸》原文，抛弃了隐恶，也抛弃了扬善，抽象地只在"中"字上大做文章。他说：

如天下事，一个人说东，一个人说西。自家便把东西来斟酌，看中在哪里？①

两端如厚薄轻重。"执其两端，用其中于民"，非谓只于二者之间取中。当厚而厚，即厚上是中；当薄而薄，即薄上是中。轻重亦然。②

且如赏一人，或谓当重，或谓当轻，于此执此两端，而求其恰好道理而用之。③

---

① 黎靖德：《朱子语类》，中华书局，1986，第1524页。
② 黎靖德：《朱子语类》，中华书局，1986，第1525页。
③ 黎靖德：《朱子语类》，中华书局，1986，第1525页。

> 如此人合与之百钱，若与之二百钱则过，若与之五十则少，只是百钱便恰好。①
>
> 两端是两端尽处。如要赏一人，或言万金，或言千金，或言百金，或言十金。自家须从十金审量至万金，酌中看当赏他几金。②

这样一说，就把不合理的漏洞补上了，看起来很合理。朱熹的意思是，所谓"中"不一定是正中，是合理，是恰好。

人们都以为讲得好，以为这就是"中庸"，其实大错，错在他跑了题，转移了概念。什么万金、千金、百金、十金，什么酌中，什么厚薄轻重，全是废话。《中庸》说的是"喜怒哀乐之未发，谓之中"，"未发"是没有表现出来。朱熹还说，他所认为的"中"是喜怒哀乐寂然不动的状态，跟万金、千金、百金、十金有什么关系？完全是两码事，文不对题！

做学问，对于一个概念或判断的使用，我们始终要坚持它们的同一性，或前后一贯性，不可随意转移。《中庸》说"喜怒哀乐之未发，谓之中"，我们在使用的时候，就始终要局限在"喜怒哀乐"上，不要天南地北；要始终局限在"未发"状态，不要到处乱跑。朱熹在注释《中庸》中犯的这个错误，是十分严重的。因为严重，也就很明显。这里就很明显，窗户纸一捅就破，辩解不了的。

客观地说，朱熹的本意是好的，他主观上想把这个问题说得圆满，但他没有意识到这实际上是转换了概念。对于古人，有时不得不谅解他们的错误。

三、关于"中立而不倚"

"中立而不倚"是朱熹用来阐述中庸之道的有力论据之一。

这句话出自《中庸·子路问强》。孔子在这里提到了治国目标中"和而

---

① 黎靖德：《朱子语类》，中华书局，1986，第1525页。
② 黎靖德：《朱子语类》，中华书局，1986，第1525页。

不流"与"中立而不倚"两个原则。这两个原则都有哲学指导意义。

因为《中庸》第一章有"发而皆中节,谓之和"的名句,所以我们首先对"和而不流"说上几句。

"和"是中庸追求的一个原则。"发而皆中节,谓之和",是说一个人的认识表达出来都能符合礼法规范,这就是和。

孔子和子路讨论的是国与国之间相处的原则。南方之强与北方之强风格很不同,孔子不主张单一照抄照搬某一方面,提出:只要合适就行,不要完全跟着人家跑,就是不要随大流。不要人家往东你也往东,人家往西你也往西。这就是"和而不流"。

孤立地理解"和而不流"比较困难,有助于理解"和而不流"的是"和而不同"。"同"是在学习中完全照抄照搬,将自己变成复制品。《中庸》所提倡的"和"是精神,是实质,不是形式,所以孔子称"小人同而不和"。"和而不流"与"和而不同"是很先进的思想。

"中立而不倚"这个说法被朱熹拿来解释他的"中",其实两者意思是不一样的,被混淆了。

孔子在这里提的"中立而不倚",是属于子路问强国之道这个主题的,其正确解释只能是:在各国中站稳脚跟不倚靠任何一方。这说的是国家间的关系,它强调的是独立自主精神。现在,人们读当时的历史还可以看到,比如郑国,一会儿倒向晋国,一会儿倒向楚国,两边讨好,两边挨打,没有独立自主精神,这就"强"不起来。当时的曹、卫、宋诸国都有这个问题。子路一听就明白,我们也明白。

"立"是整个脚掌着地,牢固地站立,跐着脚的不算立。借这个意思,用在意识形态上,孔子是十分重视的。《论语》中有"三十而立""兴于诗,立于礼,成于乐""可与适道,未可与立"诸多用法。"中立"是"牢固立于其中",是"稳稳当当地立在各个国家中"的意思。

朱熹的"不偏不倚"是另外的意思。他的意思是脑子一片空白,无喜、无怒、无哀、无乐,这就叫"中"。这样一种状况,周围什么都没有,他叫作"无所偏倚"。一个讲脑子,一个讲国家间关系,风马牛不相及。有的人只看到"中立""不倚",就将两者混淆在一起了。

四、"不得中行而与之"

再一个例子,孔子说的"不得中行而与之,必也狂狷乎!"是朱熹中庸的又一个论据。

其实,孔子说的这句话,至今没有人能说得清楚,朱熹也是模模糊糊的。人们拿这句话来作为"中庸"的论据,讲不出道理,无非因为有一个"中"字而已。

孔子说,如果不能和"中行"的人交朋友,那就和狂者、狷者来往吧。从上下文看,"中行而与之"是首选。但是,哪种人属"中行"者?什么样的行为是"中行"?从这段话中看不出来。孔子说"必也狂狷乎",是一种退而求其次的态度。孔子用"必也"二字,对于狂者和狷都是持肯定态度的。他们一个"进取",一个"有所不为",应该都是优点,不是善恶两端,看来和他们交往没有什么不好。

我读到这里,就想到,朱熹有求中的习惯,他可能会在"进取"和"有所不为"之间求中。

后来读到《朱子语类》的相关部分,果然看到他下了求中的功夫。这是一种找不出答案的探索,却非要求"中",自然不会有理想的结果。

他首先将"中行"改为"中道"。前者我们已指出,他要代尧舜立言,这里他又要代孔子立言,他硬是将"中行"改成了"中道",从头到尾都用"中道"。"中行"和"中道"不是同一概念,这种改动具有随意性,是很不应该的。他说:

> 谨厚者虽是好人,无益于事,故有取于狂狷。然狂狷者又各堕于一偏。中道之人,有狂者之志,而所为精密;有狷者之节,又不至于过激,此极难得。[1]

---

[1] 黎靖德:《朱子语类》,中华书局,1986,第1109页。

这里，他还是给孔子说的"中行"者定了性："有狂者之志，而所为精密；有狷者之节，又不至于过激。"但是，人们还是不懂这是什么意思。他又说：

> 圣人本欲得中道（孔子明明说的是"中行"）而与之，晚年磨来磨去，难得这般恰好底人，如狂狷，尚可因其有为之资，裁而归之中道。（意为得圣人裁抑之，使狂者不狂，狷者不狷。）①

以上都是按中庸之道发挥的，到底也没有说清楚"中行"者是何等样人。《朱子语类》中还提到了颜渊、曾参、汉文帝和汉武帝，始终都没有说清楚这个问题，给人以"虚晃一枪"的感觉，我们就不引证了。

以上列出的是程颐、朱熹关于"中庸"之"中"的4种论述。他们说"中者，天下之正道"。那么，"庸"怎样处理？我们知道，"庸"是个多义词，是配角，随"中"而定。朱熹等人将"庸"释为"常理""永恒之理"，对"中"可以起固定加强作用。如果在这里将"庸"解释为平庸，就不配套了。

除了上述4种说法，程颐还曾提出过一个"中无定方"说：

> 中无定方，故不可执一。今以四方之中为中，则一方无中乎？以中外之中为中，则当外无中乎？故自室而观之，有室之中；而自堂观之，则室非中矣。自堂而观之，有堂之中；而自庭观之，则堂非中矣。②

这是"两端必有其中"的扩展型。说是中无定方，实则是说中无所不在，无所不有。但是，这样说有什么意义呢？毫无意义！这里说的"室""堂""庭"都是物质的，"中"与"外"都是实体的方位，而《中庸》的"中"，是喜怒哀乐，感情上的东西，两者完全不相干，根本不能作为中庸

---

① 黎靖德：《朱子语类》，中华书局，1986，第1110页。
② 程颢、程颐：《二程集》，中华书局，1981，第1178页。

之道的论据。

即使我们承认程颐这个说法成立,也只是说起来热闹,在实际生活中没有任何意义。比如,我们还可接他们的话继续推论下去:自村观之,则庭非中矣;自乡观之,则村非中矣;自县观之,则乡非中矣;自省观之,则县非中矣;自国观之,则省非中矣;自地球观之,则国非中矣;自太阳观之,则地球非中矣……程颐和朱熹都很得意于这样的推论,实则对于说明"喜怒哀乐之未发,谓之中"并无补益。相反,把所有对"中"的解释放到一个筐子里,就是大杂烩。

综观程朱他们对"中庸"的"不偏不倚"的解释,实事求是地说,和"折中主义""调和主义"没有共同之处。他们不是这样的人,他们没有折中、调和的本意,是一些平庸的学者宣扬"不偏不倚""执两用中",令人们造成了很大的误解。人们很自然地将《中庸》看成了"折中主义""调和主义"的发源,五四运动以后,《中庸》曾大受诟病,革命的人们对中庸之道十分鄙视。1926年,鲁迅在《论"费厄泼赖"应该缓行》中就曾讽刺过哈巴狗中庸之态的嘴脸:"它却虽然是狗,又很像猫,折中,公允,调和,平正之状可掬,悠悠然摆出别个无不偏激,唯独自己得了'中庸之道'似的脸来。"这个批评,对朱熹而言有点儿冤枉,但他的那个"中庸之道"始终混混沌沌,解释不清,"不偏不倚"使用不当,进入歧途,也是该骂。

还有一层,他们说的这个"不偏不倚"的正中,谁能做得到呢?朱熹说只有"君子"和"圣人"才能做到,这又是别人无法反对的。朱熹在《中庸章句》第二章说:

> 中庸者,不偏不倚、无过不及,而平常之理,乃天命所当然,精微之极致也。唯君子能之,小人反是。

这就是说,《中庸》是很高级的学问,是"君子"和"圣人"之学,"小人"们是不沾边的。朱熹以后的元、明、清三朝直到现在,人们将《中庸》看得很高尚、很神圣多是因为这个因素。

第四章　朱熹面临的鸿沟和版本的修改

朱熹对《中庸》的注释和《中庸》原文是抵触的。《中庸》原文说：

> 君子之中庸也，君子而时中；小人之中庸也，小人而无忌惮也。

程颐和朱熹一直不接受这句话。
弟子就"君子之中庸也，君子而时中"问朱熹，朱熹说：

> 君子只是说个好人，时中只是说做得个恰好底事。[1]

弟子又提出"时中"的问题，朱熹说：

> 自古来圣贤讲学，只是要寻讨这个物事。[2]

他日，弟子又问，朱熹说：

> 从来也只有六七个圣人把得定。[3]

---

[1] 黎靖德：《朱子语类》，中华书局，1986，第1521页。
[2] 黎靖德：《朱子语类》，中华书局，1986，第1521页。
[3] 黎靖德：《朱子语类》，中华书局，1986，第1521页。

这就是朱熹等人宣扬的"中庸之道"里面的"时中"之学！与老百姓一点儿关系都没有。

弟子又问："然则小人而犹知忌惮，还可似得愚不肖之不及否？"（这句话大概的意思是：小人如果还能知道有所忌惮的话，还能够像我们常说的"愚不肖"这类人吗？）

朱熹排除了这种比较，他说：

> 小人固是愚（小人天生就是愚），所为固是不肖，然毕竟大抵是不好了。其有忌惮、无忌惮，只争个大胆小胆耳。然他本领不好，犹知忌惮，则为恶犹轻得些。程先生曰："语恶有浅深则可，谓之中庸则不可也。"（说小人的恶有浅和深之别则可，说成中庸则不可。）以此知王肃本作"小人反中庸"为是，所以程先生亦取其说。①

这些地方明白显示他们从根本上就是蔑视"小人"的，所以，《中庸》原文的"小人之中庸也"这句话就成了他们不可逾越的鸿沟。

怎么办？

做法是削足适履，将"小人之中庸也"改成了"小人之反中庸也"，以适应他的观点。他说："王肃本作'小人之反中庸也'，程子亦以为然。今从之。"为了说明他改得对，他进一步解释道：

> 盖中无定体，随时而在，是乃平常之理也。君子知其在我，故能戒谨不睹，恐惧不闻，而无时不中。小人不知有此，则肆欲妄行，而无所忌惮矣。（《中庸章句》）

这样一来，就从《中庸》原文抹去了小人也有中庸的说法，人们从此

---

① 黎靖德：《朱子语类》，中华书局，1986，第1522页。

就只能顺着这个版本去读朱熹注释的《中庸》，置原文于不顾了。后来的一些学者在译注中，则直接使用了"小人之反中庸也"的说法。如：

乌恩溥《四书译注》，吉林文史出版社，1990年8月第一版，第18页。

许伏民《四书白话注解》，台北大中国图书公司，1962年5月初版，第28页。

徐伯超《四书读本》，台北中台书局，1963年3月再版，第20页。

谢冰莹、李鍌、刘正浩、邱燮友《新译四书读本》，台北三民书局，1972年10月第1版，第19页。

《言文对照四书》，香港广智书局，1933年，第3页。

陈钺《四书集解》台北正言出版社，1972年10月初版，第24至25页。

若长此以往，则会造成《中庸》自成书以来便是如此的印象，2000年前《中庸》原有的文化意蕴无形中就给消灭了。笔者手上就有一个这样的例子，是《哲学研究》2019年第9期刊登的何光顺所写的《孔子"中庸"的"时中"境域——兼评当代新儒家心性儒学和政治儒学两条路径》，其中就直接变成了"君子之中庸也，君子而时中；小人之反中庸也，放肆（此二字原文为'小人'）而无忌惮也。"这就是完全抛弃了原文。《中庸》原文的文化精神是《中庸》独有的，是赋予"小人"有修身诚意资格的文化精神，是《中庸》哲学走向平民化的精神，是用中以求实的文化精神。

我们坚决相信，只要人们按小人也有中庸的观念去读《中庸》，总有一天会认清"不偏之谓中"的谬论的。

第五章　修改版本没有依据

朱熹说，因为晋代学者王肃给"小人之中庸也"加了一个"反"字，二程跟进了，所以，我也加了一个"反"字。

朱熹说修改版本是以王肃的本子作为依据的，那么，能不能从王肃那里找到确实的证据呢？答案是"不可能"。已知史料不能提供这样的证明。现在能读到的稍早于王肃的权威著作是郑玄对《中庸》的注释本，里面说的是"小人之中庸也，小人而无忌惮也"，没有加那个"反"字。那么，郑玄和王肃是否用了不同的版本呢？笔者没有条件做版本上的考证，现在只能根据史料做一些推论。追溯一下当时的时代背景，首先应该肯定郑玄的版本是可靠的。因为，郑玄用的版本应该是经过皇家几次校正过的，尤其是蔡邕校正过的版本。

事情的经过是，东汉光武帝刘秀取得政权以前，国家经过了王莽、更始之乱，文化典籍损失严重。刘秀取得政权后，由于他重视儒家经学建设，因此从前那些揣着图书逃遁山林的四方学士就都带着图书云集京城洛阳。《后汉书·儒林列传》说："于是立五经博士，各以家法教授，《易》有施、孟、梁丘、京氏，《尚书》欧阳、大小夏侯，《诗》齐、鲁、韩，《礼》大小戴，《春秋》严、颜，凡十四博士，太常差次总领焉。"

这里的"五经"包括了《礼》，而《中庸》应该包括在《礼》中。当时是"各以家法传授"，见解纷呈，舛误繁多。光武帝去世后，后继者明帝、章帝都重视"五经"教学。汉章帝建初四年（79年），朝廷召集各地著名儒生于洛阳白虎观讨论"五经"异同，这就是著名的白虎观会议。会后，班固奉旨对会议内容进行总结，写成《白虎通义》。这是对当时"五经"教学杂乱情况的一次整理。讲"五经异同"，首先是对于内容的研究，也包含了版本校对问题。其后又经过了90多年，朝廷抓得时紧时松，中间有几个教学废弛的阶段，尤其在党人事件中，许多"高名善士多坐流废"（《后汉书·儒林列传》）。权威既无，有些学术无赖，就花钱改订皇家藏书的文字去适应他们私人的需要："私行金货，定兰台（当时的皇家藏书地之一）漆书经字，以合其私文"（《后汉书·儒林列传》），于是又出现了经学杂乱的情况。汉灵帝熹平四年（175年），大学者蔡邕"以经籍去圣久远，文字多谬，俗儒穿凿，疑误后学。熹平四年，乃与五官中郎将堂谿典，光禄大夫杨赐，谏议大夫马日磾，议郎张驯、韩说，太史令单飏等，奏求正定六经文字，灵帝许之，邕乃自书丹于碑，使工镌刻，立于太学门外。于是后儒晚学，咸取正焉。及碑始立，其观视及摹写者，车乘日千余辆，填塞街陌"（《后汉书·蔡邕列传》）。

《后汉书·儒林列传》还说，当时蔡邕写的是"古文、篆、隶三体书法以相参检，树之学门，使天下咸取则焉"，可见当时人们对待版本的慎重态度。这样做的目的，要让"天下咸取则焉"或"咸取正焉"，就是确定正确的版本，使之归于统一。

郑玄活了74岁，蔡邕立碑这一年他才48岁，还算盛年，经历了当时每天1000多辆车子停在太学门外取正"五经"版本的盛况，我们可以推想他会据此确立自己的版本。直到现在，我们读到的"十三经注疏"中郑玄对《中庸》的注释本都只说"小人之中庸也"，没有加"反"字。

王肃生于195年，郑玄死时他才5岁，这时郑玄对经文的注释已普遍被学界尊崇。王肃不仅没有经历过蔡邕三体书法立于太学之门的盛况，还面临了又一场"五经"的浩劫，这场浩劫给文物典籍造成了极其严重的损失。《后汉书·儒林列传》说，当初光武帝迁还洛阳时，经牒秘书车载2000余辆，自此以后，三倍于前，就是说到蔡邕时国家图书馆的书籍可载车六七千辆之多。王肃出生的时代，董卓烧洛阳，劫持汉献帝西到长安。书籍已损失巨量，能运往长安的装载典籍的车才70余辆，而且道路艰远，途中丢了一半,到了长安又经火焚,更加"莫不泯尽焉"。因此,王肃所用的版本未必比郑玄的更权威。

还有一个对王肃十分有利的情况。王肃出身于官僚家庭,他的父亲王朗在三国之中的魏国官至司徒,是当时著名的经学家。王肃本人官至散骑常侍,他还是晋武帝司马炎的外祖父,地位十分显赫。《三国志·魏书·王肃传》(附于《王朗传》)说他"善贾、马之学,而不好郑氏,采会同异,为《尚书》、《诗》、《论语》、'三礼'、《左氏》解",影响超过其父。晋朝开国以后,在朝廷的支持下,他的注释本得到了应用,一时压倒了郑玄的注释本。但王肃的见解在当时即有很多非议,《三国志·魏书·王基传》说:"散骑常侍王肃著诸经传解及论定朝仪,改议郑玄旧说,而基(王基,死后追赠司空——笔者注)据持玄义,常与抗衡。"《三国志·魏书·王肃传》中也提到,学者孙叔然也反对王肃对郑玄的攻击。到底还是郑玄注释更受推崇,所以晋朝灭亡后,王肃本就不流行了。

客观地说,王肃虽然"善贾、马之学,而不好郑氏",有一定门户之见,但郑注也不是万无一失的,片面性的或错误的见解也不少。王肃从小也是读郑玄注本的,应该了解郑注的精神,随着学问的增长,因见解上的差异,对郑注表示不同看法,这在学术界是正常现象。然而,这些不同看法并不代表他的正确,很多地方他都以片面对待片面,以错误对待错误。例如,关于《中庸》的这一部分就是这样,郑玄的解释本来尚不算精准,王肃加一个"反"字,并没有弥补郑玄的缺失,反而比郑玄的注释更差。后世的一些学者看不到这种情况,按王肃和朱熹的做法直接修改了版本,不能不说失于轻率。

即使不探讨上述背景,仅从逻辑常识上说,这种修改也是不应该的。我们知道,任何一个概念或判断,如果在它的前面加了"反""非"等字,那么这个概念或判断就和原来的概念或判断变成了反对关系或矛盾关系了。二者的内涵是完全不一样的,即使将"反"解释成"违反",其内涵也完全不同。所以,这个"反"字是万万加不得的。

我们的任务,只能是从《中庸》一书自身的论述体系中揭示"君子之中庸"和"小人之中庸"的共同内涵，得出符合原著精神的有益的令人信服的结论。削足适履地修改版本不是解决学术难题的正确途径。

让我们再解析一下《中庸》这一段原文：

> 君子中庸，小人反中庸。君子之中庸也，君子而时中；小人之中庸也，小人而无忌惮也。

这段话分两层：第一层，"君子中庸，小人反中庸"，是两个并列论点；其下为第二层，分别进行论述，并立存在。这两方面论述的共同点是"中庸"，君子处在"中庸"状态时，是"时中"。小人处在"中庸"状态时，是"无忌惮"。论述的逻辑及脉络非常清晰。

这就是《中庸》原文的思路，或者说论述体系。

综上所述，朱熹等人修改版本是没有根据的，他们曲解"中庸"二字内涵的错误是掩盖不了的。

研究《中庸》，笔者希望坚守两点：其一，不要修改版本！其二，"小人"也是有中庸的！如果坚守了这两点，对《中庸》的研究则会更加顺畅。

第六章 "中庸"本义之探讨

笔者认为，研究问题要尊重原著自身的概念，要看原著自身对概念的定位。

究竟何谓"中庸"？

分开来说，这里有三个问题：什么是"中"？什么是"庸"？什么是"中庸"？

一、什么是"中"？

《中庸》说："喜怒哀乐之未发，谓之中"。

我们首先说"喜怒哀乐"。"喜怒哀乐"泛指人们的思想情感，古人称之为"情"。前已提及，班固的《白虎通义》全称为六情："喜怒哀乐爱恶"。后人也有称"七情"的，即"喜怒哀乐爱恶欲"。《中庸》只取"喜怒哀乐"，是一种省略式，泛指人们的全部情感。

其次说"中"。"中"有多义，如距离上的居中、两端之中、圆形之中等就是；内外关系的内，俗话叫里面，也是中，如水中（水里）、房中（房里）、心中（心里）等，《中庸》取的就是这个意思。这个意思应该是"中"的本义。东汉许慎《说文解字》称"中，内也"，只有这一个释义，并无两端之中等的解释。许慎、郑玄都是东汉时期的人，据史料记载，许慎活了89岁，他去世时，郑玄已经20岁了，《说文解字》已面世40多年，郑玄博学，不可能不知道《说文解字》里面关于"中"的释义。

说到这里，必须特别强调，清人段玉裁注的《说文解字》加进了朱熹的意见。段玉裁说:"然则中者,别于外之辞也,别于偏之辞也,亦合宜之辞也。"如果采用段玉裁的"中者""别于偏之词也",等于用朱熹注解解释朱熹注解。

最后,说"未发"。根据上述内容,我们已知"喜怒哀乐"是情,"中"是内,喜怒哀乐"未发"就是没有表现出来而收藏于内。那么,在人体的哪个"内"?是胃还是肺?是心还是肝?既是情感,就只能是心内(古人不说脑)。所以,我们说,"喜怒哀乐之未发,谓之中"这个句子所表达的,相当于"中就是内心情感"。

这是《中庸》原文意思的。请看:原文的"喜怒哀乐之未发,谓之中"是一个判断句,换成现代汉语,就是:喜怒哀乐(等情感)没有表现出来就叫作中。其中的"叫作"是谓语动词,表达的是判定的意义;主语和宾语之间不是从属关系。在这里,我们可以将它们调换过来说:"中是没有表现出来的喜怒哀乐等情感。"如此一来,在这个判断里,"中"就是"内心的情感",《中庸》就是这样定位的。这些情感,君子有,小人当然也有,人人都有,朱熹把"中"解释成只是君子的专利,是违背《中庸》本意的。

朱熹将"中"确定为"寂然不动""无所倚偏"的状态,也是与《大学》和《中庸》的意思相悖的。《大学》和《中庸》都是说的修身问题,修身就是解决思想问题,提高那个"中"的素质,而提高思想素质人人有份,不论君子、小人、天子、庶民都有这个任务。《大学》说"自天子以至于庶人,壹是皆以修身为本",对这一点说得很明白。仅这一条,就把小人没有中庸驳得体无完肤了。

说到这里,有两个问题要重点说明。

首先,关于"小人"的含义。小人就是庶人,《孟子》称之为"庶民",就是普通平民,与《中庸》说的"小人"基本上是同一对象。

现代的"小人",多指品行不端、行为见不得光的人,古人的"小人"指的是社会地位低下的劳动者。例如,《史记·鲁周公世家》多处使用"小人"一词,就是这个意思。周公说,当年殷王祖甲,"久为小人于外,知小人之依,能保施小民",故"飨国三十三年"。这里的"小人"都是指社会的普通平民。《中庸》的"君子之中庸也"和"小人之中庸也"两个句子并列，形式和用法完全相同，明显是承认小人也是有中庸的。

其次，关于"自天子以至于庶人，壹是皆以修身为本"这句话中的"壹是"，《朱子语类》说："壹是，一切也。"笔者读过许多注释，都是此说。这样说不准确。"壹"和"是"是两个词，要分开来讲。"是"有多种用法，这里是表示肯定的词，有"正确""应该"等含义。"壹"，从句子中提到"从天子到庶人"来看，是指人的总数，是百分之百。例如，《孟子》说的"天下恶（wū）乎定？""定于一"，以及我们常说的"统一"，都表示一个整体的意思。天子应该修身，庶人也应该修身，这中间还有其他层次的人如卿大夫等都应该修身。因此，"壹是"不等于一切，而要解释为"每人应该"。如果人们坚持要用"一切"，可以改为"一切人""所有人"，如果仅说"从天子到庶人一切都要以修身为本"，则每人的一切琐碎行为都包括进去了。

"中"是"心中"或"内心情感"，古人多用。下面我们举一些"中"为内心的例子：

《道德经》第五章："多言数穷，不如守中。"（话说多了，失误次数多，会带来窘困，不如放在心中。）

《礼记·乐记》："情动于中，故形于声。"（人内心的情感被触动，就会通过声音表现出来。）

《礼记·乐记》："乐由中出，礼自外作。"（音乐由心中发出，礼由外在的行为表现出来。）

《礼记·乐记》："和顺积中，而英华发外。"（和顺的情感蓄积在心中，杰出的才华自然会显露于外。）

《左传·隐公三年》："信不由中，质无益也。"（两国盟誓时表达的诚信不出自内心，交换人质也是没有益处的。）

《大学》："诚于中，形于外。"（心中诚实就会表现出来。）

这种用法一直延续了下去：

（晋）嵇康《与山巨源绝交书》："吾直性狭中。"（我性格直来直去，心胸狭小不能宽容人。中，在此指内心。）

《贞观政要·仁恻》记载，张公谨死了，唐太宗十分哀痛。有司奏言："日在辰，不可哭泣。"唐太宗说："君臣之义，同于父子，情发于中，安避辰日？"遂哭之。

欧阳修《秋声赋》也说："有动于中，必摇其精。"

这些"中"都是内心。尤其《礼记·乐记》说的"情动于中""乐由中出，礼自外作""和顺积中，而英华发外"，同《中庸》的"喜怒哀乐之未发，谓之中"都源于《礼记》，都作"内心"解，顺理成章。

但是，我们要进一步指出："心"和"中"是有同亦有别的，弄懂这一点，更益于理解"喜怒哀乐之未发，谓之中"这句话。

人们使用的"心"这个概念有两个意思：一是指器官，是肉体；二是指功能，是内心，是它的思维能力，直言之就是思想。《中庸》里的"中"，则只是心的第二个意思，它是包藏在心这个器官里面的，故曰"中"，即相当于"衷"，是心的功能，是思维能力，是情感，"发"和"未发"指的都是它，肉体的心不存在发与不发的问题。

这是我们理解"喜怒哀乐之未发，谓之中"的钥匙。

说到这里，我们仍是回到《礼记·乐记》中。《礼记·乐记》在同一个地方，同一个叙述环境，同一个叙述对象，既说到了"中"，也说到了"心"，还说到了"内"。这是一个很有趣的现象，不可不察。例如：

"凡音之起，由人心生也。人心之动，物使之然也。"

"凡音者，生人心者也。情动于中，故形于声。"

"乐者，音之所由生也，其本在人心之感于物也。"（笔者注：此句是说人心乃乐之本，这正是《中庸》和郑玄"大本"的观点。）

"乐者，心之动也。"

"乐者，动于内者也。"

（笔者注：这两句都讲乐，一个说"心之动"，一个说"动于

"心中斯须（片刻）不和不乐，而鄙诈之心入之矣。"

这些例句，都说明一点：中、心、内意思相通。

我们要专门指出，《中庸》特地用"中"这个词，是将它和肉体器官"心"区分开来的，它是"心"的哲学概念，不是"两端之中"的意思。这个概念不是它独用的，在那个时代乃至汉、唐、宋有通用性。

还有，《大学》第七章有一段话："小人闲居为不善，无所不至，见君子而后厌然，掩其不善，而著其善。人之视己，如见其肺肝然，则何益矣。此谓诚于中，形于外，故君子必慎其独也。"这里的"诚于中，形于外"，是说内心的想法必然表现于外，是掩盖不住的。如果把这个"中"也译成"不偏不倚"，就讲不通了。

朱熹的注解和《中庸》原文与郑玄的注解最根本的区别是什么？说到这里，可以总结为两方面：

一方面，在"发"字的理解上有根本不同。朱熹认为"发"是"发生""产生"的意思，《中庸》和郑玄注释的"发"是"射发""表现出来"的意思。前文已提到，繁体的"發"，在《说文解字》里为"射发"之义，《中庸》取的正是这个意思。还有，它的下一句"发而皆中节，谓之和"，也证明了这一点。能够发出来有"中节"功能，自然是"射发"之义了。

我们还可以引用一个形象的例子作为佐证：《史记·李将军列传》记述李广射击的经验是："见敌急，非在数十步之内，度不中不发，发即应弦而倒。"其中的"度不中不发"与《中庸》的"发而皆中节"都有"中""发"二字，它们的意思完全相同。

另一方面，对"中"的解释完全不同。

朱熹的"中"，"寂然不动"是状态，"不偏不倚"是标准，是个只可想象却不能实践的很高的标准，而《中庸》原文及郑注的"中"是情感，是思想。这个"中"在郑玄注里有两个功能，一是仓库（含喜怒哀乐），二是生产车间（礼之所由生，政教自此出）。正因为是生产车间，能制礼作乐，规范政教，所以是天下之大本。

差别如此之大，程颐等人当然和原文走不到一起，很多地方说不通，他们可能感到了困惑。朱熹说："伊川虽尝自言《中庸》今已成书，然亦不传于学者。或以问于和靖尹公（尹焞，北宋哲学家，靖康时赐号和靖处士，少师程颐。——笔者注），则曰：'先生自以不满其意而火之矣'。"朱熹所说应该是真实的。

我们只有在保存了原文面貌以后，再按原文思路逐步解析"中庸"二字才有意义，这样的注释才站得住。例如，我们上文所说，"中"是喜怒哀乐等思想感情，这些感情君子有，小人也有，这个问题解决了，《中庸》原文的"小人之中庸也"就可保持原版面貌了，朱熹的错误解释造成的其他矛盾也都可迎刃而解。

例如，《中庸》有一段著名的话，也是适用于"小人"的：

> 博学之，审问之，慎思之，明辨之，笃行之。有弗学，学之弗能，弗措也；有弗问，问之弗知，弗措也；有弗思，思之弗得，弗措也；有弗辨，辨之弗明，弗措也；有弗行，行之弗笃，弗措也。人一能之己百之，人十能之己千之。果能此道矣，虽愚必明，虽柔必强。

这里，"人一能之己百之，人十能之己千之"，肯定不是圣人和君子的素质。朱熹在《中庸章句》第二章说："君子之所以为中庸者，以其有君子之德，而又能随时以处中也。"还说："君子知其在我，故能戒谨不睹，恐惧不闻，而无时不中。"这说得很果断，很明白，他们的"君子之德"是"随时以处中""无时不中"，哪里需要"人一能之己百之"？人家学一遍自己要学一百遍才能会的人，一定是才智一般的普通人（即所谓"小人"）。所以，《中庸》才说："果能此道矣，虽愚必明，虽柔必强。"

只有承认小人也有中庸，这些地方才讲得通，全文思路才不会有矛盾。

我们再说一个"中"作"内"解的例子。

严格说起来，"中国"的"中"，最早就作"内"解，后来才演变成"中央"的意思。中国古代周朝建立之后，有周公制礼作乐之举，周王朝分封诸侯，出现了许多国家，这些国家也将这些礼乐制度带回去贯彻施行。这在当时是很高的文明。西边的国家主要是秦、晋，东边的有齐、鲁，中间的主要有郑、卫、曹、宋、陈、蔡诸国。而再向外的周边则是东夷、西戎、南蛮、北狄，这些地方被后世称为"化外"之域，即礼义教化之外的地方。有"化外"，则亦有"化内"。化内则是礼乐教化影响之内的国家，统称为"中国"。中者，内也，"中国"就是教化区域之中的国家，不是指一国，而是多国，指上述秦、晋、齐、鲁、郑、卫、曹、宋、陈、蔡等国，其中任何一个国家都不可能单称"中国"。在那个时代，这样理解是说得通的。例如，《史记·秦本纪》记载了由余和秦穆公的对话，就提到"中国"。

由余的身份属秦国西边的戎，先辈是晋国人，因此他会晋语。他有才能，被戎王任用。戎王听说秦穆公贤能，就让由余出使秦国考察一下。秦穆公引他看了秦国的"宫室、积聚"，本想显示一下自己的富裕强大，不料由余冷冷地说："使鬼为之，则劳神矣。使人为之，则苦民矣。"秦穆公对他的反应感到很奇怪，问道："中国以诗书礼乐法度为政，然尚时乱，今戎夷无此，何以为治，不亦难乎？"由余笑曰："此乃中国所以乱也。"

这里的"中国"，绝非指秦国一国。秦穆公说的"中国……然尚时乱"，是说实行礼乐教化的这些国家，尚且时时有内乱，这显然不指秦国自己。中国就是"教化之中的国家"之意，含秦、晋、齐、鲁、郑、卫等国。

《中庸》第三十一章也说："是以声名洋溢乎中国，施及蛮貊。"《中庸》出自战国时期，那时尚未完成大一统，因而"中国"不是专指哪一国。和蛮貊相比，它们都是"化内"之国。

另外，"中"为什么是"天下之大本"呢？前文已涉及，这里进一步说明一下。

郑玄说："中为大本者，以其含喜怒哀乐，礼之所由生，政教自此出也。"从哲学上说，这是典型的唯心主义，却是一个符合古人认识水平的注解。

《中庸》的"天下"是指社会("天地"指宇宙),"本"原指草木的根、茎干,很多时候指根。末有时也称"标",常说的"本末倒置""标本兼治""治标不治本"都与"本"有关。郑玄认为,人的内心情感是"大本",一方面它包含了喜怒哀乐,一方面它又产生社会的礼节制度和政治、教化这些东西。也就是说,有了内心情感这个大本,才有了相当于树的枝叶的那些礼制、政教等。

郑玄的说法是有道理的。因为在他们看来,天下(社会)的礼乐政教等制度都是圣人制定的,《中庸》就说"非天子,不议礼,不制度,不考文",这些制度都是圣人心灵智慧的产物。这是合乎常理的。而朱熹他们对"中"强调得过头了,结果是不合情理的。

朱熹说:"中,性也;'寂然不动',言其体则然也。大本,则以其无不该遍,而万事万物之理,莫不由是出焉。"这样说就不对了。说中"无不该遍",它包含"万事万物之理",就是无限扩大了。郑玄说的中为大本,就只限于社会制度,只限于人脑(人心)所及,这是"喜怒哀乐之未发,谓之中"所限定的,朱熹说的大本乃万事万物之理,阴晴圆缺,草木虫鱼,风雨雷电,无所不及,这超出了人心的功能,变成了上帝和神的功能,明显不合情理。

人们不必怀疑郑玄的解释,因为很多时候,学者们解决问题时所用的还是郑玄的"中"。朱熹本人也是这样。朱熹在一篇给皇帝的封事里,就说皇帝的心是天下之大本。我们简述如下:

宋孝宗淳熙十五年(1188年),反对朱熹的王淮罢相,朱熹获得机会进宫给皇帝讲"正心诚意"和他的天理、人欲等理论,还给皇帝上书揭露社会腐败问题。十一月,他上了一封万言"封事"(密封的奏事书),其中说:

> 今天下大势,如人有重病,内自心腹,外达四支,无一毛一发不受病者。且以天下之大本与今日之急务,为陛下言之:大本者,陛下之心;急务则辅翼太子,选任大臣,振举纲纪,变化风俗,爱

养民力，修明军政，六者是也。①

"大本者，陛下之心"这个说法与郑玄的解释是一致的。朱熹在其他地方也都是这样用的。《中庸》的"中"是非常朴实的，被他们拆成许多"零碎"，搞乱了。

当然，古人认为管思维的器官不是脑子，是心："心之官则思。"（《孟子》）我们现代人认识到脑是思维的器官，但还在沿用2000多年前的习惯，如"这孩子听课很用心""心无二用""心想事成"。古人造字，大凡用脑的字都属"心"部，如思、想、虑、忧、愁、感、恭、情、恋等。这个心就是"中"，郑玄说"中"就是产生各项典章制度的大本，因为他认为，典章制度都是制定者心里想出来的。这个解释符合原文的精神。

二、什么是"庸"

"庸"也是个多义词。其一，作"平庸"解。贾谊在《过秦论》中说陈胜是"氓隶之人""材能不及中庸"。② 这里的"庸"就是"平庸"。其二，作"常理"解，朱熹等人就持这种解释。其三，作"用"解，这种用法于古文中很是常见。举几例如下：

《尚书·大禹谟》："无稽之言勿听，弗询之谋勿庸。"
《尚书·益稷》："格则承之庸之。"
《左传·隐公元年》："无庸，将自及。"
韩愈《进学解》："占小善者率以录，名一艺者无不庸。"

以上各例的"庸"字都作"用"解，而且大都和思维活动有关，正好《中庸》也是讲思维活动的，"中庸"的"庸"作"用"解，一点儿也不别

---

① （元）脱脱，等：《宋史》，中华书局，1977，第12758页。
② 吴楚材、吴调侯编：《古文观止》，岳麓书社，1988，第342页。

扭。前文已说过，"庸"字是配角，随"中"的定位而定。人们的喜怒哀乐等情感藏在内心，是好是坏看不出来，只有"发"出来看它是否符合礼法规范，才能分出好坏，这个"发"就是拿出来用，郑玄说"庸，用也"在这里就这样定位。

三、什么是"中庸"

联系生活实际，运用情感，符合礼法规范就叫"中节"。就是说，当喜则喜，当怒才怒，当悲哀时就悲哀，当乐时才乐。《论语》中记载了一些孔子的表现，有朝堂上的，有生活中的。我们只说生活中的。例如：

> 子于是日哭，则不歌。(《述而》)
> 颜渊死，子哭之恸。(《先进》)
> 见齐衰者，虽狎，必变（杨伯峻译：遇见穿齐衰孝服的人，就是极熟的，也一定改变态度以示同情）。见冕者与瞽者，虽亵，必以貌。凶服者，式之（杨伯峻译：在车中遇着拿了死者衣物的人，便靠靠车前横木作礼）。式负版者（杨伯峻译：遇见拿着国家图籍的人，也手扶车前横木示礼）。(《乡党》)

人们讲修身，就是要加强内心的修养，使喜怒哀乐等情感表现出来都"中节"，都符合礼法规范才行。人的情感不是天生就不偏不倚的，它是可以改变的。人们要加强学习，加强修身，就是要在它发出来之前提高素质，使它一发出来就"中节"，达到"和"的要求。《中庸》一书就是解决这个问题的。

朱熹说："喜怒哀乐，情也。其未发，则性也。无所偏倚，故谓之中。"这个说法是不符合实际的，是凭空想象的，是为朱熹性善理论服务的。实际上，人们的思想感情"未发时"多是有所偏向的，不存在"不偏之谓中"。同一件事情，在不同立场、不同感情的人眼里，看法是不一样的，其未发之时，已各有偏倚。

《中庸》说的"皆中节"是很难的,"皆中节"(100%中节)才能称为"和",99%中节都不能称"和"。朱熹他们有时称发而中节就是和(删去"皆"字),不合《中庸》原意,所以《中庸》说,"和也者,天下之达道也"。达,一般都解释为通;达道,就是天下古今都要遵循的准则。《中庸》说:"有弗学,学之弗能,弗措也;有弗问,问之弗知,弗措也;有弗思,思之弗得,弗措也;有弗辨,辨之弗明,弗措也;有弗行,行之弗笃,弗措也。人一能之己百之,人十能之己千之。果能此道矣,虽愚必明,虽柔必强。"就是为了争取"皆中节"。

由上可知,《中庸》讲究的是"中节",就是要"和"。和者,符合也。要求是方的,你要达到方;要求是圆的,你要达到圆。这里没有求"中",而是符合。《中庸》提倡"和",无非是要君臣、父子、夫妇、昆弟、朋友这五种伦理关系达到和顺,符合礼法规范,哪里去叫人们求那个"正中"?原文说:"和也者,天下之达道也。"第二十章说:"君臣也,父子也,夫妇也,昆弟也,朋友之交也,五者天下之达道也。"这就是原文给"和"与"达道"限定的内容,不必跑到原文以外去找那个"正中"和"正道"。《中庸》就是要正确运用思想感情,让它"发"出来"中节"。这里,"节"是各种礼法规范,"中"是另外一个字,即中靶的"中"。

总之,我们不能离开"发"和"中节"到《中庸》以外去谈"不偏之谓中""不偏不倚"等虚言。我们实在不能想象,人们怎样在喜怒哀乐的时候每一件都做到所谓的恰到好处,不偏不倚,不高不低,不上不下,不左不右。

第七章　朱熹两个不能成立的论据

为了证明"不偏之谓中",朱熹运用了两个论据,一个是"允执厥中",一个是"无过不及"。尤其后者,只要有机会就拿出来讲。其实,这两个论据都是不足为"据"的。

一、关于"允执厥中"

在前文介绍《中庸章句序》时,提到了"人心惟危,道心惟微,惟精惟一,允执厥中"那个所谓"道统"。朱熹解释这里的"中"就是"无过不及",这成为他注释《中庸》的"不偏之谓中"最古老的根据。后来的学者也津津乐道于此。

其实,朱熹这个解释是站不住脚的,主要是真实性、准确性不可靠,笔者在前文已经充分谈到了。这里再补充一点对"允执厥中"本身的分析:

允:确实,的确。执:拿着,掌握。允执,可释为"确实掌握"。

厥:指示代词,等于"其"。这个代词指什么?是指"人心""道心",还是指"人心惟危""道心惟微"?它们是不同的概念范畴。从上下文看,应是指"人心惟危""道心惟微"。朱熹在这里打了马虎眼,不作细分,他实际上是指的"人心"和"道心",扔掉了"危""微"二字,强行注入他的求中观点。

中:在这里无论如何不能解释为"不偏不倚""无过与不及"的中正之道。人心险恶,道心难于认识,不易实行中正之道。这里的"中",还是《说文解字》里面的"内也"之义。"允执厥中"应解释为"确实把握险恶的人心和难于认识的道心里面的实情"。

事有事理，文有文理。文章和语言是反映事物和事理的。不合事理，抓住一个字就随心所欲乱讲，迎合自己的观点，终究是行不通的。

人们如果不信，我们再看看《尚书·大禹谟》原文：

人心惟危，道心惟微，惟精惟一，允执厥中。无稽之言勿听，弗询之谋勿庸。

我们暂且相信这几句话是真的，这里重点是后两句：无稽之言勿听，弗询之谋勿庸，意思就是要掌握实情，没有根据的话别听，不询察实情的谋略不要用。朱熹在引用时，抛弃了后两句。恰恰是这后两句凿实了"允执厥中"就是"确实掌握里面的实情"的意思。

二、关于"无过与不及"

"过犹不及"出自《论语·先进》。原文是：

子贡问："师与商也孰贤？"子曰："师也过，商也不及。"曰："然则师愈与？"子曰："过犹不及。"

朱熹将《中庸》的"中"释为"过犹不及"，也是没有道理的。因为喜怒哀乐等情感处于"未发"状态，谈不上过与不及，人们看不到正确与否，只有发出来看其是否"中节"，才能判断出过与不及。《中庸》是讲修身的书，在修身问题上讲"修过了头"，无异于釜底抽薪。

当然，撇开朱熹的注解，"过与不及"在很多情况下，仍然是我们生活中不能放弃的重要处事原则，该注意的还是要注意。

综合以上意见，"中庸"二字，就是思想感情的运用，简言之就是用心。《中庸》一书，是研究修身、正确运用思想感情的书。

"中庸"作为书名可翻译为"用中修身原理"。

但是，说到这里，"中庸之道"才说了一半。用"中"（心）去干什么？《中庸》的下半部分回答了这个问题，用"中"去修身，修身是为了求真求实，做一个诚实的人、可信的人。其最终政治目的，是为了"在下位，获乎上"。《中庸》说："诚者，天之道也；诚之者，人之道也。""诚之"的手段就是：博学、审问、慎思、明辨、笃行，这些都是用心的行为，说得非常明确。

求诚，也是《大学》的宗旨。《大学》讲正心诚意，正心诚意是修身的任务，修身是为了齐家治国平天下，《中庸》也是为此而作的，它还具体总结出了"凡为天下国家有九经"。两书是互相呼应的。

第八章 《中庸》前半部分几个重点内容梳理

《中庸》是一本授课提要，所以基本上是语录体。全文分 33 章，共 3568 字。字数最多的是第 20 章，有 779 字，字数最少的是第五章，只有一句话，8 个字。全文有 4 个重点：修道、慎独、用中、求实。根据它内容相对集中的编排，全文可分成两大部分。第二十章是承接转换；第一章至第十九章（加上第二十章前三段）为第一部分，主要讲"修道之谓教"；第二十章后半部分至第三十三章，主要讲"诚者，天之道也；诚之者，人之道也"，讲的是求实，实际还是属于"修道之谓教"。

两大部分的具体内容互有穿插。例如，慎独，第一章讲了，最后一章也讲了；第十六章"鬼神之为德"，是用来说明第一章"莫显乎微"的，应从属于第一章，却编到了第十六章。再如，现在的第三十二章"唯天下至诚"，应紧随第二十六章之后编为第二十七章，使论"诚"的内容相对集中，却拆开了，内容有所分散。所以，我们只能大略地这样分。

第一章至第十九章是第一部分，主要围绕"修道"二字展开。第一部分涉及的内容广而杂，不容易厘清。但是，厘清了思路才能更好地把握文章精神。

一、性、道、修三者的关系

《中庸》全书的中心是"修道之谓教"，它是在第一章被开宗明义地提出来的。

第一章是全书的总起，可分 4 层来理解：

第一层："天命之谓性，率性之谓道，修道之谓教。"开宗明义提出全书中心。性、道、修三者，实际是两个方面，因为天命和性是一个东西，道是顺着性发展的，也可说是反映天命的。性、道一体，这是一个方面，是客体，是"诚者，天之道也"的内容。"修道之谓教"单独为一个方面。修是学习、研究、教育和实行，是主观行为，也就是"诚之者，人之道也"的内容：博学、审问、慎思、明辨、笃行。学、问、思、辨、行是修的手段。

第二层："道也者，不可须臾离也，可离非道也。是故君子戒慎乎其所不睹，恐惧乎其所不闻。莫见乎隐，莫显乎微，故君子慎其独也。"这是树立对看不见摸不着的道的敬重态度。没有敬重态度，就不会认真去"修"。

第三层："喜怒哀乐之未发，谓之中；发而皆中节，谓之和。中也者，天下之大本也；和也者，天下之达道也。"这是讲靠什么修道，靠什么"中节"？不靠手，不靠脚，不靠肝胆，不靠肠胃，要用心，就是要用"中"，这是天下的"大本"。人道的"诚之"五法：博学、审问、慎思、明辨、笃行，全部要用"中"，不用"中"不能修道，不用"中"不能求实。

显然，这一层决定了《中庸》一书的性质。《中庸》就是提高思想认识、讲究思想修养的书，修身要解决的全部问题就是这个"中"。

第四层："致中和，天地位焉，万物育焉。"这是讲用"中"的最高成就。

《中庸》存在着浓厚的唯心主义，这是事实。但是朱熹的唯心主义大大超过《中庸》。

前文已经交代，朱熹在解释"致中和，天地位焉，万物育焉"时是这样说的："盖天地万物本吾一体，吾之心正，则天地之心亦正矣，吾之气顺，则天地之气亦顺矣。故其效验至于如此。此学问之极功、圣人之能事，初非有待于外，而修道之教亦在其中矣。"

同为儒家学者、比朱熹早1000多年的荀子对这句话的理解是："天行有常，不为尧存，不为桀亡。应之以治则吉，应之以乱则凶。"这是说，天不会遂人愿，人须遂天愿。朱熹是完全反过来的：我心正，天地之心就正；我气顺，天地之气就顺。

对待朱熹这样的大学者，我们也得采取实事求是的态度，对他的时代局限性予以谅解，同时也要弄清楚他的局限性到底在什么地方。

一是对"中"的解释不对。他和程颐一样，认为"中"就是道，喜怒哀乐其未发时就是性，也就是天命。这一点，我们在前面已经说了。

二是对"天地位焉，万物育焉"解释不当。这种解释不当，反映出朱熹注释的《中庸》与《中庸》原著不是一个系统。《中庸》原著是说，人的喜怒哀乐情感发出来皆中节（100%中节）的话，就是和，就像天地各在其位那样，就像万物自然发育生长那样，自然合理。

现在不少注释《中庸》的书都有这样的错误，有的和朱熹说法一致，有的有点儿改头换面。问题出在哪儿？出在"天地位焉，万物育焉"的"焉"的解释上。焉，在句首动词前，有疑问作用，相当于"如何""怎样""哪里""那里"，如"焉能""焉知""焉置"等；在句尾作后缀，起"于是"的作用，有"在那里""那样""样子"的意思。如《左传·郑伯克段于鄢》"虢叔死焉"，就是"虢叔死在那里"（死于是）。《中庸》说"致中和，天地位焉，万物育焉"，这两个"焉"字都作"那样"解。意思是说，如果"用中"达到中和，就会像天地各得其位那样（自然合理），就会像万物自然发育生长那样（自然合理）。

二、中庸和"时中"

"时中"是第二章至第十一章的内容。这几章看起来有点儿零乱，但是都没有离开"用中"这个主题。

（一）君子中庸和小人中庸

我们再解析一下《中庸》的原文：

> 君子中庸，小人反中庸。君子之中庸也，君子而时中；小人之中庸也，小人而无忌惮也。

前已指出，这段话在结构上、逻辑上都没有问题，而它指出君子与小人在"中庸"上的差别，在现实生活中也是存在的。品行好的人，时时想到按各种规章制度办事，做到"不逾矩"。即使在生活小事上也很检点，他不会乱扔垃圾，随地吐痰，违规攀摘花木，这就是"君子而时中"。品行差的人，法纪观念不强，表现出来就是"无忌惮"，比如在公共场合，明明有告示牌提出警示，他就是视若无睹，偏要违犯。

（二）"时中"问题

《中庸》提出的"时中"，是很有研究价值的。观察"时中"，既要看到古人的生活实际，也要看到现实生活实际。

拿古人来说，他们的"时中"标准很抽象，做到"时中"的样板很少。孔子说他是"七十而从心所欲，不逾矩"。矩，是礼法规矩，是他们那个时代的标准。孔子是到了70岁以后才做到"不逾矩"的。这就是"时中"的结果。

《论语》说的"吾日三省吾身"，就是为了做到"时中"。

周公也应该是那个时代"时中"的楷模，他的一言一行是注重礼法规范的，但是没有留下具体而直接的记载。

然而，通观中国古代历史，奴隶社会和封建社会除了周公、孔子，很难找出一个"时中"的典范。因为，"时中"的特点是大事小事都讲究原则，方寸之间尽是规矩。如果要坚持"时中"，就要牺牲自己的利益，更为严重的是，有时会损害统治集团的利益，招来杀身之祸。

因为找不出一个样板，从《中庸》到朱熹，他们就只能从概念到概念，将"时中"搞成了抽象化、神圣化的东西。

当然，我们要指出，《中庸》和朱熹所说的"时中"，主要是政治方面的礼法规范，是纲常理论，这是2000多年来历朝历代把握的主线。用这个观点来观察问题，就能理解"时中"的内容每个朝代是有变化的。儒家提倡的纲常理论只是一个总要求，具体到每个朝代，各自还有具体要求，更是违反不得的。有些涉及皇权的重大问题，违反了要斩首甚至灭族。为此，历史上有些著名人物的家书、家训之类的作品很有名，细思一下，无非是规诫家人做到"时中"。他们有的人本身处在官场的风口浪尖,虽说有"战战兢兢,如临深渊,如履薄冰"之态,但他们的祖辈早已形成了对皇权的忠诚与畏惧的家风,让他从小就有"时中"的熏陶,习惯了,成了自觉行为,故此,家书、家训所言倒也并非虚伪言辞。

三、关于"中庸其至矣乎!民鲜能久矣!"

朱熹在《中庸章句》对这句话的注释是:

> 过则失中,不及则未至。故惟中庸之德为至。然亦人所同得,初无难事,但世教衰,民不兴行,故鲜能之,今已久矣。

这个注释,他坚持了"过与不及"的提法:"过则失中,不及则未至。故惟中庸之德为至。"

那么,问题就发生了:"民"指什么人?

"民"是个随社会的变化而变化的词。在古代,出现阶级以后,人数众多、地位低的那部分人被统治者称为黎民、庶人、小人,有时直称"民"。《论语·泰伯》记载孔子说的"民可使由之,不可使知之",也是指的这些人。但是,他们又是不能过分得罪的人群,因此他们有时被称为"万民""邦本",《孟子》还说出了"民为贵,社稷次之,君为轻"的话。

可以肯定,在《中庸》写作之时,"民"还不包括君子,起码,民的主体还是"小人"。只要这一条成立,朱熹将"中庸其至矣乎"的"中庸"解释为"无过与不及"就说不通了,因为朱熹早已咬定,小人反中庸!

孔子说"民鲜能久矣",意思是说"民"在很久以前是行使中庸之道的,他们很久以前是不反中庸的,只是很久未能这样,现在又回来了。朱熹也说是由于"世教衰,民不兴行,故鲜能之,今已久矣"。

朱熹这样说,是自己打了自己的脸。我们前文已提到,朱熹说过:

> "小人固是愚,所为固是不肖……程先生曰:'语恶有浅深则

可，谓之中庸则不可也'"。①

这段话是说，小人天生就是愚蠢的、不肖的，所为都是恶的，只有恶的深浅不同，不可说有中庸。这是定了型的说法。怎么到了"中庸其至矣乎！民鲜能久矣！"这一句，就变成小人有中庸了？

朱熹在这里说"人有同得"，小人也是人，可怎么可以和君子"同得"呢？他完全忘记了自己原来说过的话了。

但是，按原版的"中庸之道"来解释，一切顺理成章。

《中庸》强调的是用心，也就是用"中"。用"中"要注意"中节"，不可胡来。问题的重点在"中节"二字上，全书都在讲这个问题。

怎样看待"中庸其至矣乎！民鲜能久矣"这句话呢？

周朝初年，礼乐昌盛，社会安定，在礼法制度上，人们发而"中节"的情况较好。后来，周道衰微，礼法规范这个"节"，不像从前遵守得好，下滑了。可能在孔子当世时，某一个时期，鲁国社会安定，"民"的礼法执行情况较好，于是孔子发出了"中庸其至矣乎？民鲜能久矣"的感叹。

"中庸"就是用中之学，就是发而中节之学。建立在这种认识基础上的"中庸之道"，才是符合《中庸》原文的理论。这种理论，是可以联系社会实际做出合理解释的。而朱熹的那个"寂然不动"的"中"，"小人反中庸"的"中"，联系社会实际做不出解释，可谓空谈。

四、中庸（用中）的坚持性

第七章、第八章的内容，第七章是反面例子，第八章是正面例子。第七章说：

> 子曰："人皆曰予知，驱而纳诸罟擭陷阱之中，而莫之知避也。人皆曰予知，择乎中庸，而不能期月守也。"

---

① 黎靖德：《朱子语类》，中华书局，1986，第 1522 页。

这是两个用中不当的例子。"予知",都说自己脑子聪明,但是,一个对于纳诸罟擭陷阱不知躲避,是不动脑子的人。一个能动脑子,能择乎中庸,却一个月都坚持不下来。

这两种人都不对,应该学习第八章的颜回:

> 子曰:"回之为人也,择乎中庸,得一善,则拳拳服膺而弗失之矣。"

颜回是坚持用中择善固执的典型。

五、实行中庸的难度

第九章说:"天下国家可均也,爵禄可辞也,白刃可蹈也,中庸不可能也。"这是强调践行中庸的难度。

这段话分两层,前三句为一层,第四句为第二层。

第一层,前三句提到的三件大事都是人生的极致。其一,天下、国家是能够治理好的,这是一个人所有能力中最强的能力。其二,高位厚禄可以推辞不要,这是面对最厚的利,体现了仁。其三,锋利的刀刃摆在面前,也可以踩上去,临死不惧,这是最大的勇。

第二层,前面的三件事,是可以办到的,而"中庸不可能也",强调了践行中庸的难度。

这很费解。

如果加一个"非"字,变成"非中庸不可能也",这句话就变得合情合理,没有难点了。但是,又重蹈了改变《中庸》原文的覆辙,不能走这条路。

朱熹在《中庸章句》的解释是:三者"天下之至难也,然不必其合于中庸,则质之近似者皆能以力为之。若中庸,则虽不必皆如三者之难,然非义精仁熟,而无一毫人欲之私者,不能及也。三者难而易,中庸易而难"。

朱熹的这个解释,有可以接受的地方,但是说理不够,甚至有混淆之处。

他说，前三者能够实行，"不必其合于中庸，则质之近似者皆能以力为之"。有这样的情况。如辞爵禄、蹈白刃，不一定要中庸，有一定气质就可以办到。但是，有很大成分是要依靠没有私心的，无私才能无畏。朱熹将"无私"送给中庸了。他说，"中庸虽不如三者之难"，"然非义精仁熟，而无一毫人欲之私者，不能及也"。这就是搞混淆了。

有混淆就不合理。

至于做到中庸为什么比治国家、辞爵禄、蹈白刃还难，朱熹还是没有说清楚。

有一次弟子问他："中庸如何是不可能？"他说："只是说中庸之难行也。急些子便是过，慢些子便不及。且如天下国家虽难均，舍得便均得（这里用"舍得"意念上不合理）；爵禄虽难辞，舍得便辞得；蹈白刃亦然。只有中庸却便如此不得，所以难也。"①这个回答没有道理。中庸之所以难，不是因为人们"舍不得"。这个问题，全书都没有现成答案。合理的答案总该会有的，这要根据原文思路从义理上去寻找。《中庸》原文说：

> 喜怒哀乐之未发，谓之中；发而皆中节，谓之和。中也者，天下之大本也；和也者，天下之达道也。致中和，天地位焉，万物育焉。

根据这一段原文，人们重视了对"喜怒哀乐之未发，谓之中"这一句的研究。但从这一段话的总体上看，《中庸》的重心不在"中"字上，而是在"用中"和"中节"上，在"时中"和"致中和"上。当我们谈到"中庸"时，这一段话是一个不可分割的整体：绝不可停留在"中"字上，一定要考虑到"中节""中和"和"时中"。《中庸》全书都是讲的"用中"，"修道之谓教"是如此，"诚之者，人之道也"是如此，"博学、审问、慎

---

① 黎靖德：《朱子语类》，中华书局，1986，第1528页。

思、明辨、笃行"更是如此。

之后,我们就明白了,"发而皆中节"和"时中"是很难的。一般人"不能期月守也",已见其难。再深入想想:我们每一个人所发出来的思想认识能保证百分之百"皆中节"吗?显然是不可能的。人的认识要百分之百"中节",是比治理国家、辞爵禄、蹈白刃难得多的事情。

这才是完整的《中庸》。

这就是"中庸不可能也"的解答。

第九章　修道的几个内容解析

一、"素隐行怪"辨析

第十一章中，子曰："素隐行怪，后世有述焉，吾弗为之矣。"素，音和义都同于索，探索、挖掘的意思。这句话的意思是说，有的人专门探索那些隐秘的事情（素隐），搞些荒诞不经的行为（行怪），还可得到后世留传（后世有述焉），我是不干的。

这是强调修道时思想要端正。

这一章后半部分还说了遵道而行，不可"半途而废"的话。

素隐行怪和遵道而行在意义上是相反的。遵道而行就不会素隐行怪，素隐行怪就不能遵道而行。朱熹将素隐行怪定位为"诡异之行""足以欺世而盗名""知之过而不择乎善，行之过而不用其中""不当强而强者也"的行为，比孔子说得严厉得多。

如今，我们则要重新审视这句话。

时代在进步，对于反对"素隐行怪"，我们不能无条件地全盘接受。没有素隐行怪，社会就会停滞，国家就会落伍。

孔子说过，"大车无輗，小车无軏[①]，其何以行之哉？"輗和軏都是古代车辕和横木接头的关键，将横木与车辕紧固连接，便于牛、马负车前行。这

[①] 大车指古代用牛力的车，小车指古代用马力的车。輗是大车车辕与横木连接的关键，軏是小车车杠与横木衔接处的销钉。

一条就被素隐行怪破掉了。现在的车，没有輗，没有軏，没有牛马驾的辕，甚至作为动力的牛和马都不要了，不是行得又快又好吗！现代生活中的产品，全部是素隐行怪的产物，没有火和烛居然可以照明，没有火居然可以加热食物，人在万里之外能互相通话，还能互睹尊容，在孔子看来岂不都是神仙、怪物？而这恰恰是索隐行怪的结果。中国人只有更加大胆地"素隐行怪"，科技上不做外国人的跟屁虫，才能走在世界的前列。

二、"君子之道费而隐"的伟大意义

《中庸》的第十二章，是有伟大意义的一章。由于太过重要，现将全文录如下：

> 君子之道，费而隐。夫妇之愚，可以与知焉；及其至也，虽圣人亦有所不知焉。夫妇之不肖，可以能行焉；及其至也，虽圣人亦有所不能焉。天地之大也，人犹有所憾。故君子语大，天下莫能载焉；语小，天下莫能破焉。《诗》云："鸢飞戾天，鱼跃于渊。"言其上下察也。君子之道，造端乎夫妇，及其至也，察乎天地。

这段话有典型的哲学意义。

(一) 世界是物质的，是可以认识的

《中庸》说，鸢在天上飞行，那是"察"于上，鱼在深水中跳跃，那是"察"于下。"察"，是看清楚、了解、认识的意思。这是借动物的行为，说明世界是可以认识的。

还不止此，《中庸》还说到了，尽管道广大而隐秘，但普通夫妇也是可以认识、可以实行的。

(二) 人的认识是有限的

《中庸》说，君子之道，"及其至也，虽圣人亦有所不知焉""虽圣人亦有所不能焉""天地之大也，人犹有所憾。君子语大，天下莫能载焉；语小，天下莫能破焉"。这个认识已经很先进了。

这一点，朱熹接受不了。虽然他在《中庸章句》里都是正面论述，但在与弟子的问答中曾说"此处难看"。① 难看，就是难以看懂。这表明他不能理解这节论述。

这一段话还表示，《中庸》在认识论上有一定的辩证思维，它一方面指出了人们是可以认识事物的，另一方面又指出了人们认识能力的局限性，这个认识是对的。

《中庸》的这个认识是辩证唯物主义的。恩格斯指出过人的认识能力上这个矛盾现象。恩格斯说：

> 人的内部无限的认识能力和这种认识能力仅在外部被局限的而且认识上也被局限的个别人身上的实际存在二者之间的矛盾，是在至少对我们来说是无穷无尽的、连绵不断的世代中解决的，是在无穷无尽的前进运动中解决的。②

《中庸》所说没有达到这个高度，没有认识到两者之间的矛盾和在前进运动中解决的统一性。

世界没有不可认识的事物，只有已经认识和尚未认识的事物。人的认识是受到历史条件和科技条件限制的，因此没有全知全能的圣人（朱熹认为圣人全知全能）。人的认识是在世世代代实践中连续发展着的，只要人类不消灭，人的认识能力就是无限的。

这一章的存在，是《中庸》的伟大之处。

三、"道不远人"

"道不远人"是第十三章的要求。《中庸》说："道不远人。人之为道而

---

① 黎靖德：《朱子语类》，中华书局，1986，第1506页。
② 恩格斯：《反杜林论》，载《马克思恩格斯选集》（第三卷），人民出版社，1972，第160-161页。

远人,不可以为道。"这是说,道存在于人群之中,修道时远离人群是不成的。

它还举例说,手里拿着斧柄砍伐做斧柄的树枝,一边砍树,一边斜着眼看手里的斧柄做样板,这样如果还觉得样板很远,就不对了。君子"以人治人,改而止。"

道不远人的主旨是:对于有错误的人,是以别人为他的样板,改了就行了。这一条在朱熹注释的《中庸》那里也行不通——他本身的"中"就是寂然不动,无所偏倚的,怎么可以拿别人做样板改而止呢?

四、"君子素其位而行"和"反求诸己"

"君子素其位而行"和"反求诸己"是第十四章的要求。素,平素。《中庸》要求,人们原来处在什么位置,就要安于那样的位置,做那样的事情,不要有其他想法。平素是富贵的,就要安于富贵,做富贵的事情。平素是贫贱的,就要安于贫贱,做贫贱的事情。其他还有"素夷狄,行乎夷狄;素患难,行乎患难"。《中庸》总结说,如果是这样,君子无论到哪里都会悠然自得。

这种话,具有一定的社会局限性。

这一段的后半部分,有"上不怨天,下不尤人"及"射有似乎君子,失诸正鹄,反求诸其身"的话,对人有启示作用,应该肯定。这是讲一个人在失败面前,在挫折面前,不要气馁,要从自己身上找原因。正和鹄是射箭时做靶子的材料。布料的叫正,皮料的叫鹄。"失诸正鹄,反求诸其身",即没有射中靶子,从自身上找原因。这话很有积极意义,是修身的一条很重要的原则。

我们还能看到,这和我们现在说的"犯了错误从自己身上找原因,别强调客观因素"在精神上是完全一致的。这就是我们民族的精神,这就是中华传统文化。2000多年了,这种文化传承没有丢失。不过,我们现在做得更为高端一些,我们现在会具体地分析主观和客观两方面的原因,不会一味地自责,以图找到更科学的解决办法。

关于"射有似乎君子，失诸正鹄，反求诸其身"这句话的意义，还可联系第一章的"发而皆中节，谓之和"作进一步的认识。人的认识发出来，是不可能皆"中节"的，那些不"中节"的怎么办？这就用上了"失诸正鹄，反求诸其身"的做法。

五、行远自迩，登高自卑

"行远必自迩""登高必自卑"是反对修身好高骛远，后来被人们发展成为"千里之行，始于足下"的名言。在现实生活中，《中庸》提倡从自身做起，从家庭做起。妻子好合，如鼓瑟琴；兄弟既翕，和乐且耽；宜尔室家，乐尔妻帑；孝顺父母。

这就是修道、做人，从身边事做起，从低处着手。

这个思想流传了2000多年，也是中国人自我奋发、克己自励的一种精神。人们都在讲文化传承，从哪儿传承？别说抽象话，这些就是。

六、关于"鬼神之为德"

对第十六章"鬼神之为德"，通常在注释上多有误解。朱熹也当真以为在谈鬼神，这里要重点说一下。

为说得清楚，先录原文如下：

> 鬼神之为德，其盛矣乎！视之而弗见，听之而弗闻，体物而不可遗，使天下之人齐明盛服，以承祭祀。洋洋乎如在其上，如在其左右。《诗》曰："神之格思，不可度思，矧可射思！夫微之显，诚之不可掩如此夫。"

这段话的意思是说，鬼神这东西人们看不见，听不到，可是在体察事物时，却不能将它这个因素搁在一边。它能使天下之人斋戒沐浴、穿戴整齐去祭祀它。好像它就在神龛上，就在自己左右。这就是鬼神在人们心目中的崇高地位。其实，"莫显乎微"的那个"道"，人们也看不见，也是确实存在的，掩盖不了的。

《中庸》产生的年代，人们对待鬼神确实是这个态度，这里描绘得不错。但是，《中庸》在这里主要用意不是讲鬼神，是借这个现象打比方，要人们像对待鬼神一样对待那看不见的"夫微之显"，也就是要人们认真对待那无所不在的、"不可须臾离也"的道。它的用意集中在最后那一句话，十分清楚。

现代一些翻译家也有以为《中庸》是在谈鬼神的，有代表性的如杨伯峻先生。他在《白话中庸引言》里说：

> 《中庸》的有些观念是和孔子的思想体系有距离的。孔子不讲"神"（《论语·述而》），不事鬼（《论语·先进》），可《中庸》却说"鬼神之为德，其盛矣乎！"……若说他是孔子思想的发展，未必是向进步方面的发展，至少强调鬼神是向后退的。[①]

这就是将"鬼神之为德"那段话的重点搞错了。

七、历史传统和治国的基本素材

归纳我们在前面的论述，可以看出，《中庸》围绕"修道之谓教"，讲了一系列有关联性的内容：道的无处不在，慎独，发而皆中节，时中，用中的坚持性及修道的各项具体要求，等等。这些都是认识和态度上的问题，但这还不够，如果说培养的是治国理政的人才，则还要告诉他们历史传统，基本礼法制度和治国大纲。这个内容是绝不可少的。《中庸》就是这么做的，第十七章至第十九章的孝、宗庙、丧葬、祭祀、序昭穆、序爵、序事、序齿等，都是当时传统礼法内容。人物方面，主要讲周的祖先大王、王季、文王、武王、周公。这些是必须灌输给学生的。《中庸》如果是别的学派的人写的，不会特别强调大王、王季。这还不够，还要给学生讲"天下之达道

[①] 杨伯峻：《白话四书》，岳麓书社，1989，第13页。

五"及"凡为天下国家有九经"。达道是社会道德的基本准则，九经是治国理政的基本内容。这也是修道者必须掌握的内容。《中庸》说："礼仪三百，威仪三千，待其人而后行。"这是说国家正等待有才能的人来治理，不了解这些基本内容是不行的。

综上可以断定，《中庸》成书必在秦统一六国之前。有学者提出《中庸》产生于秦汉之际。内容不像。"凡为天下国家有九经"是治理小国家的口气，"来百工""柔远人，怀诸侯"，到了汉代大一统，不需要这样的提法了。

以"来百工"为例，"百工"是社会生活中各行各业的技术人才，在有些小国家，没有这些人才，就不能建宫室、造舟车、产兵器，因之要吸引他们到自己的国家。秦统一以后，到汉朝时就不存在这个问题了。

总之，以上7条，都是从生活中来的。很多东西2000多年来一直有生命力，现在读来也不陌生，有的甚至现在还适用，这也是文化传承。

至此，我们对《中庸》前半部分的内容，就算有了一个基本的把握。

总之，《中庸》教人怎样修身，并且给受教育者提供了一些必要的素材。

第二十章中篇以后重心转换，从"修道"转到"诚"，是《中庸》的下半部分。因为下半部分是笔者重点论说部分，故梳理文字从略。

第十章　真正的"中庸之道"

一、"诚"的提出之哲学思考

《中庸》对"诚"展开论述是从第二十章开始的。前三段有一个内容讲修道，指出"为政在人，取人以身，修身以道，修道以仁"。站在弟子的立场说，修道是为了从政，为了有官做。能给你官做的只有"上"，这个"上"是君王。

> 在下位，不获乎上，民不可得而治矣。获乎上有道：不信乎朋友，不获乎上矣。信乎朋友有道：不顺乎亲，不信乎朋友矣。顺乎亲有道：反诸身不诚，不顺乎亲矣。诚身有道：不明乎善，不诚其身矣。

这段话中最重要的现象是"诚"的提出过程。它先是讲"诚身"是安身立命的基础，做到了"诚身"，就可顺乎亲，就可信乎朋友，就可获得上位者的信任而得到治国的授权，也就是可以做官。《中庸》的可贵之处，是在2000多年前，将"诚"单独列出来进行论证，借天道增强"诚身"的说服力。

它是在"诚身"后面紧接着提出来的：

> 诚者，天之道也；诚之者，人之道也。诚者，不勉而中，不思

而得，从容中道，圣人也（这个断句有问题，后文专门论述）；诚之者，择善而固执之者也。

这是《中庸》非同一般的地方，这就是它在哲学上的意义。
我们要重点讨论这个问题。

二、"诚"的本义

诚，有诚实、确实、真诚、果真之类的意思。例如："'善人为邦百年，亦可以胜残去杀矣。'诚哉是言也"（《论语》），"诚于中，形于外"（《大学》），"臣诚知不如徐公美"（《邹忌讽齐王纳谏》），"此诚危急存亡之秋也"（《出师表》）。《中庸》里面的"诚"表达的意思多与"真"和"实"有联系。《中庸》从头到尾都重视"诚"，它所取的就是"真实"或"真实存在"的意思。在第一章里就有"莫现乎隐，莫显乎微"的说法，就是强调它们的真实存在。在"鬼神之为德"那一章里说，"夫微之显，诚之不可掩如此夫"，句中的"诚"也是"真实存在"的意思。

"诚"的真实性意义表现在"人道"和"天道"两个层面。人道的诚是精神层面的，叫"诚身"，即做人要真诚。"天道"的诚，是外在的，是宇宙间（包括天地和天下）一切事物的本质属性。人们只有"诚之"，才能认识天道的诚。天道、人道是两条线。

三、"诚者，天之道也"

《中庸》说："诚者，天之道也。"怎么解释呢？以杨伯峻为代表的多数学者说"诚，是宇宙的自然法则"，这是符合《中庸》原文本义的。朱熹说，"诚者，真实无妄之谓也"，笔者认为这个解释不好，"无妄"是人的主观意识，不属于天道。

但是，仅认识到"诚"是宇宙自然法则仍然不够。《中庸》还说"诚者，物之终始，不诚无物""天地之道，可一言而尽也：其为物不贰，则其生物不测"。这就是说，诚的真实性是物质的本质属性。真实，是自始至终贯穿于物质的，没有真实性，就没有物质。它还说，天地之道，一句话归总，它的任务就是产生物质，所以，它产生的物质多到不可测量。

笔者认为这是中国古代一个具有唯物主义特征的思想。

《中庸》所说的这种物质的客观真实性是与主观意识相对立而存在的，这个概念对人类社会的存在有依存性。

《中庸》将"真实性"看成物质的一种属性是可以成立的。

《中庸》还赋予了"诚"第二个特征，即"至诚无息"。"至诚无息"又决定了其他特征的存在，即"不息则久，久则征，征则悠远，悠远则博厚，博厚则高明"。博与厚，是地的特征，是承载万物的；高与明是天的特征，是覆盖万物的。这里的"至诚无息"、"久"、"征"（征即"徵"，有可以验证之义）、"悠远"、"博厚"、"高明"等，都是事物的属性。所以，我们指出《中庸》天之道的"诚"，是物质的基本属性，是不难理解的。

这是古代的认识，当然显得幼稚。但当我们看到它说"天地之道，可一言而尽也：其为物不贰，则其生物不测"的时候，就会觉得这是很可贵的唯物主义态度。

四、"诚之者，人之道也"——中庸之道

"诚"的"天道"的客观性问题解决了，人们怎样才能做到"诚"呢？《中庸》提出了"诚之者，人之道也"的任务。对此我们作如下分析。

"诚"在这里用作动词。这个"之"，指的就是那个"天之道"。"诚之"，在《中庸》里有三层意思：一是以它为诚（承认它的真实性）；二是求诚（认识它的真实性）；三是做到诚（达到诚身境界）。比如，在"诚者，物之终始，不诚无物。故君子诚之为贵"这几句话中的"诚之"，就兼有承认它、认识它的意思。"诚身"就是做到诚。"博学、审问、慎思、明辨、笃行"中的学、问、思、辨就是求诚（认识诚），笃行就是做到诚。

《中庸》说"君子诚之为贵"，是说君子把"诚之"当作可贵的品质。

总括起来说，人道的任务就是要做到"诚之"，既要承认这个真实，认识这个真实，自己也要做到真实（诚身）。"诚之"的过程就是"中庸"的

过程——也就是"中"的运用的过程,是修身的过程,不用"中",不能正确地运用思想,则解决不了这个问题。

"诚之"的正确途径是什么?郑玄说"由学而诚者也",后代学者都继承了这一观点,笔者亦是如此。《中庸》十分明确地指出了这个由学而诚的途径,就是"博学之,审问之,慎思之,明辨之,笃行之"。这是古代认识事物普遍使用的方法。

到此为止,我们就可以将"中庸之道"从朱熹的虚幻缥缈、不可实行的诡论中解放出来,转移到"用中以求实"上面来了。

五、至诚之道,可以前知

《中庸》还提出了"至诚之道,可以前知"及"至诚如神"的思想,这也是具有唯物主义特质的,它是丰富的社会实践的总结,是经得起社会生活检验的。它说"国家将兴,必有祯祥;国家将亡,必有妖孽"。这样的认识有实际社会生活作基础。例如,《国语》记载,周定王派单襄公使楚,他路过陈国,看到陈国一片萧条和许多怪异景象,回到周朝廷就向定王报告,陈国必亡。果然过了不多久,陈国就被楚国灭亡了。又如,晋文公死后160多年,晋哀公四年(公元前453年),晋国大权落入智伯、赵襄子、韩康子和魏桓子四卿之手,尤以智伯咄咄逼人,气势凌驾于赵、韩、魏三人之上,吞灭三家独尊智氏之势已成。但是,就在智氏鼎盛之时,智伯的族人智果认为,"智宗必灭"。他为了保全自己一家,改用了太史的姓,为辅姓。事情尚未发生,有的人连苗头都没有看出来,智果就改了姓,证明了他对这种预见的自信和果断。果然不久,智伯率韩康子、魏桓子攻打赵襄子时,韩、魏两家接受了赵的联合意愿,攻杀了智伯,"尽灭智氏之族,唯辅果在"。赵襄子复仇甚至采用了上古的做法,"漆智伯之头,以为饮器"(将智伯的头盖骨涂漆后用来饮酒)。

此历史事件的导因在人事上。起初,智宣子要立智瑶为接班人,智果说,智瑶不如智宵。他向智宣子讲了瑶的五个长处,一个致命缺点。这个缺点就是"甚不仁"(很残忍),而这五个长处又不属于德行高超,无非是胡子漂亮、身材高大、射箭驾车技术好，有伎艺，善辩，强毅果敢之类，以这五项凌驾于他人，而以他的"不仁"作风行事，谁能受得了？

智宣子不听，立了智瑶（就是上文所说的智伯）。

《资治通鉴》记载：

初，智宣子将以瑶为后。智果曰："不如宵也。瑶之贤于人者五，其不逮者一也。美鬓长大则贤，射御足力则贤，伎艺毕给则贤，巧文辩慧则贤，强毅果敢则贤，如是而甚不仁。夫以其五贤凌人，而以不忍行之，其谁能待之？若果立瑶也，智宗必灭。"弗听，知果别于太史为辅氏。

智伯的霸道及其覆灭细节，《资治通鉴》记载颇详，给我们提供了一个"至诚如神"的例证。

智伯的覆灭集中表现在道和德两个方面，而智果的至诚如神，也正是把握了这两方面规律性的认识。

在《中庸》看来，天道是确实存在而且有力量的。我们可以这样说：《中庸》对于"诚者，天之道也"的论述是比较充分的，这正是它从"诚身"里将"诚"分离出来进行论证的一种哲学思考。

说到这里回头再联系前文，为什么要"诚身"？因为"诚"是天道，是事物存在的根本属性，所以做人要诚，要真实。以天道来证明人道的诚身，是很有力量的。这就是哲学思考。

六、《中庸》断句的一个千古遗憾

上文提到《中庸》第二十章有这样一段话（未断句）：

诚者天之道也诚之者人之道也诚者不勉而中不思而得从容中道圣人也诚之者择善而固执之者也

这段话中，注释有一个断句不当，本书对此进行专论。

(一) 第一个矛盾

这段话有两个明显的界限，一个是"诚者"和"诚之者"的界限，一个是"天之道"和"人之道"的界限。如果照顾了"诚者"和"诚之者"的界限，则势必破坏了"天之道"和"人之道"的界限，反之亦然。

笔者认为，从汉朝开始，到孔颖达（唐）、朱熹（宋），直至现代大多数学者，都是只照顾了"诚者，诚之者"的界限，而放弃了后者。他们的断句是：

> 诚者，天之道也；诚之者，人之道也。诚者，不勉而中，不思而得，从容中道，圣人也；诚之者，择善而固执之者也。

这种断句的特点是将"圣人也"三字断入了上句，照顾了"诚者、诚之者"排比的句式，而抹杀了天道、人道的界限。

为了看起来醒目，我们将它作如下排列：

诚者，天之道也	诚之者，人之道也
诚者，不勉而中，不思而得，从容中道，圣人也	诚之者，择善而固执之者也
天道	人道

从上面这个列表可以看出，为了照顾"诚者"和"诚之者"句式上的对应性和整齐性，将"圣人"放到"天道"里面去了。

笔者现今所读到的各个版本，基本上都是这样处理的①。但这样处理明显违背了"天道"和"人道"的界限，硬生生地将"圣人"划到天道里去了。"圣人"，无论他怎么"圣""圣之又圣"，他也是不可能"不思而得，从容中道"的。因而，笔者认为这样处理是有缺陷的。

---

① 对"基本上"的说明：1998年，我在美国华盛顿大学东亚图书馆看到一本注释《中庸》的书，1927年由广益书局出版发行，它将"圣人也"三字断入下句。有此一例，就证明断入上句的人并非全部。此书在国内几个图书馆没有找到，略有遗憾。

以下举几个突出的有代表性的例子。

1. 孔颖达

首先要客观地指出，孔颖达之前，郑玄做得最好。虽然他也是将"圣人也"断入上句，但没有多说什么，只写了14个字："诚者，天性也。诚之者，学而诚之者也。"（《十三经注疏·礼记注疏》）这个注，文字不多，但比较忠于原著的精神。

孔颖达的注释，就变得莫名其妙了。他为了自圆其说，文字冗长，反反复复，自相矛盾。他在《礼记正义》里注疏《中庸》时写道：

> 此经明至诚之道，天之性也。则人当学其至诚之性，是上天之道不为而诚，不思而得。若天之性有生杀，信着四时，是天之道。"诚之者人之道也"者，言人能勉力学此至诚，是人之道也。不学则不得，故云"人之道"。//（此符号为笔者所加）"诚者，不勉而中，不思而得，从容中道，圣人也"者，此复说上文"诚者天之道"也，唯圣人能然，谓不勉励而自中当于善，不思虑而自得于善，闲暇而自中乎道，以圣人性合于天道自然，故云"圣人也"。

这段话毛病在哪儿呢？在"//"之前的上半段，他是将天道、人道分开的，是"上天之道不为而诚，不思而得"，人之道是"不学则不得"，这样讲是对的，思路也是清晰的。在"//"之后的下半段，他将"圣人也"三字断入上句，就推翻了他上文的解释，他说：

> "诚者，不勉而中，不思而得，从容中道，圣人也"者，此复说上文"诚者天之道"也。唯圣人能然，谓不勉励而自中当于善，不思虑而自得于善，闲暇而自中乎道，以圣人性合于天道自然，故云"圣人也"。

这样一来，下半段的孔颖达注释推翻了上半段的孔颖达注释，人为地将天道、人道捏合在一起了。

2. 朱熹

朱熹又是一番说法，他和孔颖达的解释不仅风格迥异，而且对原文的理解又有不同。他说：

> 诚者，真实无妄之谓，天理之本然也。诚之者，未能真实无妄，而欲其真实无妄之谓，人事之当然也。圣人之德，浑然天理，真实无妄，不待思勉而从容中道，则亦天之道也。未至于圣，则不能无人欲之私，而其为德不能皆实。故未能不思而得，则必择善，然后可以明善；未能不勉而中，则必固执，然后可以诚身，此则所谓人之道也。不思而得，生知也。不勉而中，安行也。择善，学知以下之事。固执，利行以下之事也。"（《中庸章句》）

《中庸》原著里，在这一段话之前，有关于"天下之达道五"及"天下之达德三"的文字，在彼处有"或生而知之""或学而知之""或困而知之"及"或安而行之""或利而行之""或勉强而行之"的论述，这些论述，用今天的语言都可以作出合理的解释。它们都冠以"或"字，是一个论述体系或曰论述套式，不能像朱熹这样随便拎出来，左一个"安行"，右一个"生知"，将其割裂而没有任何说服力。

他说到了"圣人之德，浑然天成，真实无妄，不待思勉而从容中道，则亦天之道也"——笔者认为这是他说不清楚了，就武断地来一句"圣人之德""亦天之道"，这不是很滑稽吗？

3. 现代学者

现代学者的解释比较直白，但也有诸多矛盾之处，如杨伯峻先生在他的《白话四书》里是这样说的：

> 诚，是宇宙的自然法则，使自己做到诚，是做人的法则。实行

诚的自然法则，不必勉强而事事合于中道，不用思虑而能得到所求之理，从容不迫地做到事事合于中道，这是圣人。使自己做到诚，就是要选择善良的要义而紧紧把握着。①

这段解释最值得称道的是，杨伯峻先生指出了"诚，是宇宙的自然法则"，这是合于《中庸》原著精神的。但是，接下来杨伯峻先生也翻译不下去了。原文中和这个"宇宙的自然法则"的"诚者"相对应的，自然是下一个"诚者，不勉而中，不思而得，从容中道"，可是它后面有一个"圣人也"的尾巴，这就把杨伯峻先生难住了。他也同样出于无奈，为了自圆其说而故意混淆概念，在"诚者，不勉而中"的部位，改用了"实行诚的自然法则"一语，从而改成了人之道。这实际上是偷换了概念，只有这样做才能将"圣人也"三字捏合进去。这样做的人不止一个，都是无可奈何的行为。我读过台湾、香港十多个注释《中庸》的本子，大陆（内地）的也读了若干个注释本，没有一个是能解释通达的。虽说是百人百面，各不相同，但在最核心的地方各人立场又惊人一致，就是将"不勉而中，不思而得，从容中道"均看成圣人的品质，众口一词，这就暴露了学术界严重的唯心主义作风。

这样做，有三个关卡通不过：

第一，世上根本就没有"不勉而中，不思而得，从容中道"的圣人，一个也找不出。事情是相反的，只有那些比别人更勤勉，思虑更周详，行道更谨慎的人才能成为圣人，这才是合乎情理的认识。

第二，公然违背了孔子的主张。孔子明确主张，任何人"学而不思则罔，思而不学则殆"（《论语·为政》），他说自己是"我非生而知之者，好古，敏以求之者也"（《论语·述而》），从来没有说过可以"不思而得"的话。对于道，他主张积极追求，《论语》收录了他的言论："敏于事而慎于言，就有道而正焉"（《论语·学而》）、"朝闻道，夕死可矣"（《论语·里

---

① 杨伯峻：《白话四书》，岳麓书社，1989，第23页。

仁》)、"士志于道，而耻恶衣恶食者，未足与议也"(《论语·里仁》)，根本就没有"不勉而中""从容中道"这样的描述。学者们一方面维护儒家学说，一方面置最为熟悉的儒家祖师的言论于不顾，容忍和迁就极为明显的学术矛盾，维护与违背并存，竟达千年以上！

第三，《中庸》自身的论述也不支撑这种错误的注解。

《中庸》说："君子之道，费而隐。夫妇之愚，可以与知焉；及其至也，虽圣人亦有所不知焉。夫妇之不肖，可以能行焉；及其至也，虽圣人亦有所不能焉。天地之大也，人犹有所憾。"按照注释者的说法，圣人是"不思而得"的，怎么会"有所不知"呢？在他们看来，圣人是无所憾的。在这些矛盾面前，注释者是搪塞不过去的。

(二) 第二个矛盾

如果将"圣人也"三字断入下句，有合理的地方，也有矛盾。

这样断句就是：

诚者，天之道也	诚之者，人之道也
诚者，不勉而中，不思而得，从容中道	圣人也，诚之者，择善而固执之者也
天道	人道

这样断句的合理性有三：

第一，照顾了"天道"和"人道"的界限。

第二，"圣人也，诚之者，择善而固执之者也"这句话符合《中庸》原文精神，可以从第七章和第八章获得毫不含糊的印证。

子曰："人皆曰予知，择乎中庸，而不能期月守也。"（第七章）——这是普通人的表现。

子曰："回之为人也，择乎中庸，得一善，则拳拳服膺而弗失之矣。"（第八章）——这就是"圣人也，诚之者，择善而固执之者也"的表现。

第三，避免了"诚之者，择善而固执之者也"的片面性错误。学者们没有认真思考："择善固执"是"诚之者"很高的标准，这一点固然要肯定，但它不是"诚之者"的全部内涵，"诚之者"的全部内涵在"博学之，审问之，慎思之，明辨之，笃行之"，不是"择善固执"。单独地将"择善固执"作为"诚之者"的全部内涵是错误的。但如果将句子断为"圣人也，诚之者，择善而固执之者也"，其中"圣人也"是主语，"诚之者，择善而固执之者也"不是独立句子，仅是谓语，就淹没了那个错误的句子，也就避免了这一错误。

以上断句，在内容上是可以成立的，但是这样处理也有明显矛盾，就是破坏了原文的句式。原文是用了两个"诚者"和"诚之者"进行表达的，这样做，作者自有他缜密的考虑，一定有他的理由，我们不能不尊重。不尊重这一点，就有不合理的地方。

然而，如此一来，"圣人也"三字，断入上句不行，断入下句也不行，这就陷入了两难境地。

解决矛盾的正确途径：

我们知道，古籍常有漏简和错简的现象。朱熹在解决漏简和错简问题上是肯下功夫的，他曾补写了《大学》第五章，调整了郑玄注释《中庸》的章节。但是，他忽略了《中庸》此处的错漏问题，留下了遗憾。这可能与他过于强调"圣人之德，浑然天理"有关。

从郑玄以来，学者们对"诚者"认识各有不同，但对于"诚之者"认识比较趋于一致，就是郑玄说的"诚之者，学而诚之者也"，孔颖达说"不学则不得"，朱熹说"未能真实无妄而欲其真实无妄"，大家都强调了由学而诚的意思。这个意思，在"圣人也"后面被漏掉了。

"圣人也"后面不是有"诚之者，择善而固执之者也"的表述吗？但这句话不对，笔者在上文已提及，"择善固执"不是"诚之者"的全部内涵，它未能反映出郑玄等人指出的由学而诚的意思，只有博学、审问、慎思、明辨、笃行才是诚之者的全部内涵。因此，应该在"博学之"的前面，补入"诚之者"三字，而将"圣人也，诚之者，择善而固执之者也"挪移到下文的"果能此道矣，虽愚必明，虽柔必强"的后面。这样一来，既补了漏简，也调整了错简，就都变得合情合理了。

综上所述，笔者认为这一段的正确编排应该如下：

> 诚者，天之道也；诚之者，人之道也。诚者，不勉而中，不思而得，从容中道；诚之者，博学之，审问之，慎思之，明辨之，笃行之。有弗学，学之弗能弗措也；有弗问，问之弗知弗措也；有弗思，思之弗得弗措也；有弗辨，辨之弗明弗措也；有弗行，行之弗笃弗措也。人一能之己百之，人十能之己千之。果能此道矣，虽愚必明，虽柔必强。圣人也，诚之者，择善而固执之者也。

这是合情合理的解决办法。《中庸》原文在文字上对此是有照应的，"果能此道矣"中的"此道"二字，指的就是"诚之者，博学之，审问之，慎思之，明辨之，笃行之"的人之道。其实，朱熹在《中庸章句》里也说过"此'诚之'之目也"，他看到了这层关系，却死守圣人之德就是天道的腐儒立场，未能再前进一步解开这个疙瘩。

总之，笔者的结论是：真正的中庸之道，是求诚之道，是用"博学、审问、慎思、明辨、笃行"等"诚之"的方法以求实之道，而学、问、思、辨、行都是用脑子（心）的事，都属于用"中"，因此，《中庸》全书所论就是用"中"以求实之道。这是《中庸》最有价值的地方，是有积极意义的。现在，很多单位——尤其是大学将"求实"作为业训或校训，就是从《中庸》来的。

第十一章 《中庸》的哲学特征

《中庸》是一本哲学著作，学界很多人都对其予以关注，冯友兰先生的《中国哲学史》对它就多有论述。但是，此类论述多局限在引述多一点儿而已，对其哲学特征则很少涉及。

《中庸》一书，既有唯心主义，又有唯物主义，它还将这两者很好地结合在一起，成为中华民族的一种思维习惯。这既是缺点，也是优势。我们将这种哲学特征称为主观唯物主义。下面笔者对此进行具体分析。

一、"中也者，天下之大本也"是典型的唯心主义

在"中也者，天下之大本也"的认识上，《中庸》原著和郑玄注释《中庸》都是唯心主义的。为什么呢？他们认为"中为大本者，以其含喜怒哀乐，礼之所由生，政教自此出也"，也就是认为支撑社会的礼法制度等都是头脑（内心）的产物，这就是唯心主义。

前文已提到，恩格斯曾指出，这种哲学认为"思维着的悟性成了衡量一切的唯一尺度""是世界用头立地的时代"（恩格斯《社会主义从空想到科学的发展》）。表面看起来，好像人们是自己的观念、思想等的生产者，这是忽视物质第一性的错误认识。

我们一定要明确，远古时代的人，没有语言，也没有复杂思维，那种认为人脑天生就是能够创造一切的观点是不成立的。人们语言和思维，头脑和四肢的发达，都是在为生存的斗争中，在与外界物质的接触中，在人与人的接触中，逐渐发展起来的。承认物质是第一性的，承认物质反映论，不承认

头脑先验论，是唯物主义态度。经过二三百万年的发展，现在我们所说的人与远古时代的人有了很大区别，就是人的"社会性"。现代的人都在一定的社会中生活。人，是社会现实中的人，是从事社会实际活动的人，一句话，是社会人。人的思想不会是凭空产生的，人的思想是受生产力的发展、人在生产关系中的地位制约的。因此，"不是意识决定生活，而是生活决定意识"①。

拿《中庸》来说，它所说的社会的礼法政教等思想、观念，是不是在人类产生的那一天就可能出现的呢？当然不可能。周公制定的"礼"，也不是周公脑子里突然冒出来的，而是"殷因于夏礼""周因于殷礼"，再加上周朝初年社会生活的实际情况和政治需要，一代一代由物质变精神、精神变物质逐渐发展起来的。如果人脑真有先天决定作用，那么为什么比周朝早2000多年的黄帝时代不能产生与周代同样的礼制？

二、《中庸》对"诚"的论述具有唯物主义精神

《中庸》对"诚"的论述具有唯物主义精神这个问题，我们在上文已经论述到了。《中庸》本意是要求人们在"明善"的前提下做到"诚身"，指出"诚身"是人在社会立足的基础。它认为做到了"诚其身"，就可以"顺乎亲"，就可以"信乎朋友"，就可以"获乎上"，得到在上位者（天子、诸侯等）的治国授权。这正是儒家的"不仕无义"的政治追求，得到了历代统治者的赞许。宋仁宗赐给新科进士《中庸》，最主要的就是看中了这一点。士子给朝廷办事，不"诚"就是不忠，就是不可靠，皇帝就不能放心地授权给他。

但是，空讲"诚身"的重要性是没有力量的，《中庸》的可贵之处，是将"诚"专门提出来进行论证，指出"诚者，天之道也"，从天道的角度来证明人道的"诚"，这有万古难移的力量。

---

① 中共中央马克思恩格斯列宁斯大林著作编译局：《马克思恩格斯选集》（第一卷），人民出版社，1972，第31页。

天道的诚是否存在呢？《中庸》认为是存在的。既然是"天道"，就是不受人的意志支配和驱使的，所以它被归到了物质的属性上，指出"诚者，物之终始，不诚无物"，还说，"天地之道，可一言而尽也，其为物不贰，则其生物不测"。又说，"至诚无息。不息则久，久则征，征则悠远，悠远则博厚，博厚则高明"。这些都是客观存在的，《中庸》的态度是可取的。

《中庸》提出的"至诚之道，可以前知"也是唯物主义的，前文已有论说，兹不重复。

三、认识事物的方法所表现的唯心主义特征

怎样具体认识事物呢？《中庸》的"诚之"方法，全部是靠学、问、思、辨、行等体验手段，也就是说其对事物规律性的认识是建立在有限的经验基础之上的。

《中庸》有三句很重要的话："尊德性而道问学，致广大而尽精微，极高明而道中庸。"这话口气很大，是说要在"致广大""尽精微""极高明"的层次来谈论运用思维能力。能做得到吗？实际是做不到的，它没有这个能力。但是它做了，它以为自己有这个能力，其结果自然是真真假假主观猜测占了很大成分。

我们看它具体是怎么做的。《中庸》对宇宙有一段描绘：

> 今夫天，斯昭昭之多，及其无穷也，日月星辰系焉，万物覆焉。今夫地，一撮土之多，及其广厚，载华岳而不重，振河海而不泄，万物载焉。今夫山，一卷石之多，及其广大，草木生之，禽兽居之，宝藏兴焉。今夫水，一勺之多，及其不测，鼋鼍蛟龙鱼鳖生焉，货财殖焉。

从这段描述，我们可以看出它追求事物真实性的用意。它没有宗教、神灵色彩，它所看到的天、地、山、水，都是肉眼所及的真实，态度是唯物主

义的。但是，它的知识不是运用现代天文学观测手段获得的，它不认识日月星辰都是巨大的天体，它将天描绘成一个盖子，将地描绘成一个托盘，日月星辰是挂在天上的，这就不符合宇宙的实情，它的描绘是唯心主义的。

四、《中庸》的主观唯物主义特征

《中庸》对宇宙的描绘，让我们清醒地看到了它的力不从心。虽然《中庸》强调了"君子诚之为贵"，并在努力做到"诚之"，确实有唯物主义精神，但是，它对事物真实性的认识是有重大缺陷的。现代社会可以用物理、化学方法认识广大的宇宙和物质内部的情形，即《中庸》说的"致广大而尽精微，极高明而道中庸"，而它在这方面则是明显"心有余而力不足"的，想认识而认识不透。它没有现代科技手段，认识也就只能到此为止。它不知道地球是圆的，日月星辰都是宇宙中的天体，它不知道有太阳系和其他星系知识，它只能将天描述得像一只大锅盖，连同日月星辰统统盖在下面，大地像一块极厚的板块托在下面。它不知道事物微小的细节，不知道物质内部有分子、原子等结构。它对宇宙的描绘，当然不是宇宙的实际情形，很幼稚，却没有宗教迷信色彩，我们不可以简单地斥之为唯心主义。因为，它的错误不是缘于它不承认这些客观事物，而是力不从心，只能用感觉得到的认识和经验来解释事物，这就是主观唯物主义的特征和弱点。

综上所述，我们将这种哲学称为主观唯物主义，这是一种承认事物的真实属性及客观规律而依靠主观学、问、思、辨与笃行等方法验证客观规律的哲学。

能够从已经取得的经验中总结出规律性认识，可以达到"至诚如神"的效果。这是中国人的一个长处和优势。古代有很多这方面的事例，比如"骄兵必败""得道多助，失道寡助"等都是。

例如：汉文帝后元六年（公元前158年），匈奴大举进犯。文帝以宗正（皇帝宗族的族长）刘礼为将军，带一支军队驻扎在霸上（今西安市东）；以祝兹侯徐厉为将军，带一支军队驻扎在棘门（今陕西咸阳市东北）；以河内郡太守周亚夫（汉初名将周勃的儿子）为将军，带一支军队驻扎在细柳

(今陕西咸阳西南），防备匈奴进犯。

汉文帝亲自到这三支部队劳军，先去了霸上和棘门军营，汉文帝的车队直接奔驰而入，主帅带着他手下的人骑着马迎接和送行。之后到了细柳军营，军中官兵都身披铠甲，兵刃磨得锐利，弓弩手警惕性很高，对来人作张弓放箭姿势，并且拉满了弓弦。汉文帝的前导官来到军营，不让进入。前导官说："天子就要到了！"军门都尉说："（我们）在军中只听将军的命令，不听天子的诏令。"过了不久，汉文帝到了，也不让进入。于是，汉文帝便派使者手持符节给将军下诏令："我要进去慰劳军队。"周亚夫这才传话打开军营大门。守卫营门的军官对汉文帝的车马随从说："将军有规定，军营里不准驱马奔驰。"于是，汉文帝就让人拉紧缰绳慢慢行进。到了营中，周亚夫手拿武器拱手行礼说："穿戴盔甲的将士不能跪拜，请允许我以军礼参见皇上。"汉文帝被他感动了，马上变得面容庄重，靠在车前横木上向官兵致意。派人向周亚夫宣话："皇帝特来慰劳将军。"完成劳军的礼仪后离去。

离去以后，左右的人员都大惊失色，文帝却赞赏周亚夫说："这才是真正的将军呀！先前在霸上、棘门军营，像儿戏一般，他们有可能被敌人袭击而被抓去当俘虏。至于周亚夫，怎么可能侵犯得了呢？"称赞了很久。

对同一件事，产生了两种不同的态度。一种是左右大惊失色，一种是赞赏肯定。

文帝临终前，告诫太子刘启说："如果国家发生危急情况，周亚夫是真正可以担当领兵重任的。"文帝去世后，太子刘启继位，是为汉景帝，景帝授予周亚夫车骑将军官职。

景帝三年（公元前154年），吴、楚等七国叛乱，周亚夫被任命为太尉领兵攻打吴楚叛军。双方攻守一共只有三个月，吴楚叛乱就被平定了。

中国人有一种思维方式，那是经过许多战争证明了的经验，就是：严明的军纪、高度的警惕性与坚强的战斗力有必然联系。如果将这三者依次分为A、B、C三项，文帝在细柳营看到的是A、B两项，即严明的军纪和高度的警惕性，至于C项当时是看不到的。但是，历史上的战争经验证明，有了A、B两项的军队，必有C，战斗力必强。反之，凡是军纪不严、警惕性不高的军队战斗力必然稀松。文帝是明白这个道理的。中国人的主观唯物主义的认识能力，就是这样建立在历史经验上，建立在对事物规律性的认识上。汉文帝没有调查，没有看该支军队的细节，没有西方人的统计数字，没有百分比，他只是亲临现场体验了一番就有这个预见。

中国人的这种能力很强，是一种优势。

为什么是优势呢？

一是因为它收效快，马上就可得出结论。汉文帝对周亚夫是一例，再比如，《史记》记载的秦穆公时老臣百里奚和蹇叔劝阻穆公袭郑也是一例。

秦穆公三十二年（公元前628年），驻守郑国的秦将向秦国报信，说他掌握着郑国都城北门的城门锁钥，秦国可以偷袭郑国。秦穆公征询两位老臣百里奚和蹇叔的意见，二人都说"不可"，且陈述了理由，穆公不听，派百里奚的儿子孟明视、蹇叔的儿子西乞术及白乙丙三将带兵去袭郑。出发那天，蹇叔哭着送行，秦穆公骂了他。蹇叔对儿子说："汝军即败，必于殽陒矣！"后来果然在殽这个地方，晋军大败秦军，除死者外，孟明视等被俘，无一人漏网。

二是中国的主观唯物主义有辩证思维能力，可以同时看到事物的多个方面，不死守教条，能择善而从。军事上避实就虚，扬长避短，随机应变，都属于这一类。

第十二章 《中庸》和朱熹哲学思想之比较

表面上看,好像朱熹的理论和《中庸》的哲学特征是一样的,人们的印象是,朱熹是极力宣扬《中庸》的,他理应是《中庸》哲学的忠实继承者。其实不然。朱熹的理论和《中庸》的哲学特征存在着相当大的距离。《中庸》的主观唯物主义明显,朱熹的理论由于吸收了《中庸》以后1000多年的丰富社会经验,也增加了他的唯心主义成分,他的思想看起来比《中庸》复杂得多,不可捉摸,客观唯心主义是他的重要特征。

为说明两者的差别,笔者举数端分析如下。

一、对"中"和"发"的解释不同

《中庸》自身对"发"的定位是"射发"之"发",有下文的"发而皆中节"可以证明。犹如箭,未发叫箭,发也叫箭,中不中靶,都是箭。在人的认识上,发就是表达出来的意思。由此可知,所谓"中"是喜怒哀乐等情感,未发是它,发也是它。君子和小人都有发与未发的问题。朱熹完全脱离《中庸》原文的精神,将"发"理解为"发生""产生",将"中"定位为"不偏不倚",否认"小人之中庸"的存在,甚至有修改原文之嫌,与原文没有了共同性。前文已说明这个问题,这里就不再讨论了。

二、对"诚"的认识不同

在《中庸》看来,"诚"有两种含义:一个是主观意念上的诚实,一个是客观事物的真实。《中庸》对后者的论述着墨甚多。它说："诚者，天之道也""诚者，物之终始，不诚无物""诚者，不勉而中，不思而得，从容中道"，这些话说得很明确。

朱熹将"诚"主要停留在主观意念上。他有自己的语言体系，处处用他的"理"字，不用"诚"字，基本不用《中庸》的语言。他在注释中说"诚"是"真实无妄之谓，天理之本然也"，就表现了这种特点。他主要强调他的"天理观"，他说："天下未有无理之气，亦未有无气之理。气以成形，而理亦赋焉。"①

这是朱熹注释《中庸》与《中庸》原著很明显的不同。

三、对宇宙的描述不同

《中庸》对宇宙的描述是：

> 今夫天，斯昭昭之多，及其无穷也，日月星辰系焉，万物覆焉。今夫地，一撮土之多，及其广厚，载华岳而不重，振河海而不泄，万物载焉。今夫山，一卷石之多，及其广大，草木生之，禽兽居之，宝藏兴焉。今夫水，一勺之多，及其不测，鼋鼍蛟龙鱼鳖生焉，货财殖焉。

这种描述是直观的，是人人都能感受到的，也是客观的。《中庸》只是描述了所看到的状况，朱熹不限于描述状况，还进而描述了它们的产生。两种描述完全不同。

1. 关于天地的产生

> 天地初间只是阴阳之气。这一个气运行，磨来磨去，磨得急了便拶许多渣滓。里面无处出，便结成个地在中央。气之清者便为

---

① 黎靖德：《朱子语类》，中华书局，1986，第2页。

天，为日月，为星辰，只在外常周环运转。地便只在中央不动，不是在下。①

这个描述比《中庸》具体得多。朱熹说，天地由气构成，地是气拶出来的渣滓。《中庸》说地在下，他说地在中央，还特别加了一句"不是在下"，这明显是针对《中庸》的。他还说道："天运不息，昼夜辗转，故地㩐在中间。"从现在的观点看，朱熹能琢磨出"昼夜辗转""地在中央"，比《中庸》前进了一步。

但是，朱熹的主观主义描述其错误远大于《中庸》。

看他对地的描述：

天包乎地，地特天中之一物尔。……地却是有空阙处。天却四方上下都周匝无空阙，逼塞满皆是天。地之四向底下却靠着那天。②

西北地至高。地之高处，又不在天之中。③

唐太宗用兵至极北处，夜亦不曾太暗，少顷即天明。谓在地尖处，去天地上下不相远，掩日光不甚得。④

地有绝处。唐太宗收至骨利干，置坚昆都督府。其地夜易晓，夜亦不甚暗，盖当地绝处，日影所射也。⑤

---

① 黎靖德：《朱子语类》，中华书局，1986，第6页。
② 黎靖德：《朱子语类》，中华书局，1986，第6页。
③ 黎靖德：《朱子语类》，中华书局，1986，第7页。
④ 黎靖德：《朱子语类》，中华书局，1986，第7页。
⑤ 黎靖德：《朱子语类》，中华书局，1986，第7页。

这些描述，比《中庸》走得远，只能说他是唯心主义了。

2. 关于生物的产生

《中庸》只说了"天地之道，可一言而尽也。其为物不贰，则其生物不测"。朱熹不光解释了天地由气构成，还解释了地上的人物草木禽兽和风霆雷电日星的产生。他说：

> 譬如甑蒸饭，气从下面滚到上面，又滚下，只管在里面滚，便蒸得熟。天地只是包许多气在这里无出处。滚一番，便生一番物。他别无勾当，只是生物，不似人便有许多应接。①

> 且如天地间人物草木禽兽，其生也，莫不有种，定不会无种子白地生出一个物事，这个都是气。②

> 物之生，必因气之聚而后有形，得其清者为人，得其浊者为物。假如大炉熔铁，其好者在一处，其渣滓又在一处。③

> （弟子）问："生第一个人时如何？"
> （朱熹）曰："以气化。二五之精合而成形，释家谓之化生。如今物之化生甚多，如虱然。"④

朱熹说第一个人像虱子一样是气化而成的。这就是硬着头皮在那里说道了。像这种没有根据的话，是不应该轻易出口的。但朱熹却轻易说了很多，可见他的主观主义是何等强烈！

---

① 黎靖德：《朱子语类》，中华书局，1986，第1281页。
② 黎靖德：《朱子语类》，中华书局，1986，第3页。
③ 黎靖德：《朱子语类》，中华书局，1986，第375页。
④ 黎靖德：《朱子语类》，中华书局，1986，第7页。

3. 关于水火的产生

天地始初，混沌未分时，想只有水火二者。水之滓脚便成地，今登高而望，群山皆为波浪之状，便是水泛如此。只不知因甚么时凝了，初间极软，后来方凝得硬。……水之极浊便成地，火之极清便成风霆雷电日星之属。①

4. 关于雷电的产生

（弟子）问："雷电，程子曰：'只是气相摩轧。'是否？"（朱熹）曰："然。"②

5. 关于日月之光

讨论到日月之光时，朱熹提到"月本无光，受日而有光"。弟子又问："月受日光，只是得一边光？"（朱熹曰）：

日月相会时，日在月上，不是无光，光都载在上面一边，故地上无光。到得日月渐渐相远时，渐擦挫，月光渐渐见于下。到得望（农历月半时，能看见满月，称为望）时，月光浑在下面一边。望后又渐渐光向上去。③

以上这些说法都是《中庸》没有的。这就是朱熹哲学，不是《中庸》哲学。哲学是关于人和自然界及人和人之间关系的学问，朱熹在这方面表现得淋漓尽致，于此可见其大概。看了以上朱熹对宇宙的描述，我们可以看到，他比《中庸》走得远。朱熹的推想，和《中庸》讲的"至诚如神"是

---

① 黎靖德：《朱子语类》，中华书局，1986，第7页。
② 黎靖德：《朱子语类》，中华书局，1986，第24页。
③ 黎靖德：《朱子语类》，中华书局，1986，第20页。

不同的。后者是以事实作基础的，是可以验证的。朱熹的理论当时是无法验证的。这就是哲学思想的不同。

我们在这里主要不是批判朱熹，而是树立对真理的精神。对朱熹的这些话，笔者有两个态度：

其一，对古人不必苛求。

笔者对于朱熹那时能大胆探索宇宙的起源，思路广阔，想象丰富，深怀敬意。他的论述很多，学识渊博，旁征博引，让人不尊敬都不行。没有大胆探索，就不会有由错误到正确的进步。

其二，摒弃空谈，培养求证精神。

朱熹的这些话，当时既无法证明，也无法反驳。他是大学者，人们拿不出反证，只得由着他说，不重求证，遂养成了一种弊病。

四、在认识论上观点不同

《中庸》认为，一方面，世界是可以认识的，另一方面，人的认识又是有限的。这就是我们在前文说到的第十二章的内容：

"鸢飞戾天，鱼跃于渊。"言其上下察也。

天地之大也，人犹有所憾。

君子之道，费而隐。夫妇之愚，可以与知焉；及其至也，虽圣人亦有所不知焉。夫妇之不肖，可以能行焉；及其至也，虽圣人亦有所不能焉。

特别是，《中庸》是将天道和人道明确分开的，天道是客观存在，人们要认识天道，只有用人道的"诚之"才行，即博学、审问、慎思、明辨、笃行。

朱熹没有反对或质疑上述内容的言论，他用自己的中庸之道体系代替了《中庸》原文的思想。他认为，圣人是天生的，是全知全能的，是天人合一的。他在注释"诚者天之道也诚之者人之道也诚者不勉而中不思而得从容中道圣人也诚之者择善而固执之者也"这一段话的时候，将"圣人也"三字划入天道里面去，变成："诚者，不勉而中，不思而得，从容中道，圣人也"，这就把内容搞混淆了。不仅如此，他在注释时，还特地说："圣人之德，……则亦天之道也。"

在"至诚无息"章，《中庸》明明说到"博厚所以载物也""高明所以覆物也"，朱熹则说"此言圣人与天地同用""此言圣人与天地同体"。

朱熹始终不愿承认"诚的客观性"，总是停留在人的主观意识里，这是他的中庸之道与《中庸》原著的重大区别。

第十三章　朱熹的天理、人欲观撷拾

朱熹的天理、人欲理论内容很多，自成系统。我们只能撷取与本书有关的部分做些研究，了解他的理论和现实世界的距离。

一、朱熹的理气观

（一）什么是理

理有两层意思。

其一，理的原始义。一根木头的直剖面和横断面都有一道一道的纹路，这就是理。这是告诉人们，事物的生长发育、发生发展，都是按一定规律有条不紊地进行的，不是乱来。纹，古人只称"文"，所以"理"也叫条理、文理。

> 理是有条理，有文路子。文路子当从那里去，自家也从那里去；文路子不从那里去，自家也不从那里去。①

（弟子）问："如木理相似？"
（朱熹）曰："是"。②

---

① 朱熹、吕祖谦：《朱子近思录》，上海古籍出版社，2000，第238页。
② 朱熹、吕祖谦：《朱子近思录》，上海古籍出版社，2000，第237页。

其二，将这个意思推广，就成了事物的法则、规律的意思。朱熹说："天下之物，则必各有所以然之故，与其所当然之则，所谓理也。"又说："既有是物，则其所以为是物者，莫不各有当然之则而自不容已。是皆得于天之所赋，而非人之所能为也。"①

(二) 理和气的关系

理和气的关系有三个要点：

其一，认为理和气都是宇宙中的客观存在，宇宙万物是由理和气构成的。理是事物的本质和规律，气是构成事物的材料，包括人、物都是理与气合而成的。他说："未有天地之先，毕竟也只是理。有此理，便有此天地；若无此理，便亦无天地，无人无物，都无该载了。有理，便有气流行，发育万物。"②

其二，认为理和气同处于一个统一体中，互相依存，不可分离。朱熹说："天下未有无理之气，亦未有无气之理。"③ "理又非别为一物，即存乎是气之中。无是气，则是理亦无挂搭处。"④

其三，突出了理的决定性作用。朱熹强调理的决定性作用，但在表述时没有把这个问题说清楚，他说："未有天地之先，毕竟是先有此理。"⑤ "有是理后生是气。"⑥ 这样就给人一个理先气后的印象。当弟子这样问他时，他又有所澄清，说："虽是如此，然亦不须如此理会。二者有则皆有。"当弟子说好像不可分先后时，他又纠正说："要之也先有此理，只不可说是今日有是理，明日却有是气。也须有先后。"⑦ 这就反反复复了。

总的来看，他说过理气无先后，又说过理先气后，也说过无是气则无是理，好像莫衷一是。实际上，他所坚持的就是两点，一个是理、气二者

---

① 陈荣捷：《朱熹》，生活·读书·新知三联书店，2012，第46页。
② 黎靖德：《朱子语类》，中华书局，1986，第1页。
③ 黎靖德：《朱子语类》，中华书局，1986，第2页。
④ 黎靖德：《朱子语类》，中华书局，1986，第3页。
⑤ 黎靖德：《朱子语类》，中华书局，1986，第1页。
⑥ 黎靖德：《朱子语类》，中华书局，1986，第2页。
⑦ 黎靖德：《朱子语类》，中华书局，1986，第4页。

之间的统一性，一个是理起决定作用。这个话不好说，就说成是"有是理后生是气"。

这些认识，《中庸》是没有的。

依现在的哲学观点看，朱熹这些观点有其可取之处。虽然朱熹对宇宙的描述不合现在用科技手段证明了的实际情形，是唯心主义的，但他指出的这几个方面，却符合事物存在的根本原则。例如：首先，事物内部的两个矛盾必然共处于一个统一体中，互相依存，不可分离。其次，必有一个是矛盾的主要方面。朱熹对此表达得很清晰。

二、朱熹的天理

朱熹说的"天理"和上文理气的理不完全相同，强调的重点不同。他的天理观有这样几个要点：

(一) 理在先，物在后，天理决定事物的性质

他将这个原理运用到社会上，就是："人物未生时，只可谓之理。""未有这事，先有这理。如未有君臣，已先有君臣之理。未有父子，已先有父子之理。不成元无此理，直待有君臣父子，却旋将道理入在里面。"[①]

他的意思是说三纲五常之理，是天理早决定了的，因而是不可违背的。

(二) 天理代表公心

他说："盖天理者，此心之本然，循之，则其心公而且正。"[②] 在《中庸章句序》里他也提到了"天理之公"，他认为这个公心就是道心。

(三) 天理代表善

他说："天下之理，原其所自，未有不善。"[③] 他的结论是天理没有不善的，天理就是性，从而又肯定了孟子的性善说。

他在和门人讨论时说："告子问性，孟子却答他情。盖谓情可为善，则

---

① 黎靖德：《朱子语类》，中华书局，1986，第2436页。
② 张立文：《朱熹评传》，南京大学出版社，1998，第473页。
③ 朱熹：《朱子四书语类》，上海古籍出版社，1992，第831页。

性无有不善。所谓四端者,皆情也。"他特地举出仁和恻隐的关系予以解说:"仁是性,恻隐是情也。恻隐是仁发出来底端芽。"结论是"所谓性,只是那仁义礼智四者而已,四件无不善"①。

朱熹要求人们"明天理",是指明三纲五常、仁义礼智、天理之公和天理之善,以此来制约人欲。

三、朱熹的人欲观

天理和人欲问题,是朱熹理学的重点。前文说过,学说服从政治,不光是要服从统治阶级的政治,也要服从学说自身的政治目的。孔孟提倡仁义,劝说统治者实行仁义,仁义就成了政治目的。孟子劝梁惠王实行仁政,说如果实行了仁政,"民归之,犹水之就下,沛然谁能御之"。"'仁者无敌',王请勿疑"。孟子还向梁惠王提出了限制欲望的问题,这些都是政治。朱熹继承了这些思想,他说:"圣贤千言万语,只是教人明天理,灭人欲。"② 所以,这个问题是他的理学的根本目的。

关于人欲。限制人的奢欲,是中国由来已久的话题,《道德经》就有"不见可欲,使民心不乱""见素抱朴,少私寡欲,绝学无忧"的论述。朱熹关于人欲的论述很详细,几乎照顾到了他能想到的各个方面。

其一,人欲产生于人心。

> 此心之灵,其觉于理者,道心也。其觉于欲者,人心也。③

其二,人心属于"形气之私"。

> (一次与弟子对话,弟子)问:"先生说:人心是'形气之私',形气则是口耳鼻目四肢之属?"(朱熹)曰:"固是"。(弟

---

① 朱熹:《朱子四书语类》,上海古籍出版社,1992,第886页。
② 黎靖德:《朱子语类》,中华书局,1986,第207页。
③ 朱熹:《朱子四书语类》,上海古籍出版社,1992,第970页。

子）问："如此，则未可便谓之私。"（朱熹）曰："但此数件物事属自家体段上，便是私有底物，不比道便公共……"弟子问："或生于形气之私。"（朱熹）曰："如饥饱寒暖之类，皆生于吾身血气形体，而他人无与，所谓私也。"①

其三，人心有善与不善，由道心主宰。

《大雅》云："人心生于血气，道心生于天理。人心可以为善，可以为不善，而道心全是天理矣。"②（朱熹）曰："由道心，则形气善，不由道心，一付于形气则为恶。形气犹船也，道心犹舵也。船无舵，纵之行，有时入于波涛，有时入于安流，不可一定。惟有一舵以运之，则虽入波涛无害。"③

其四，人欲分合理不合理两部分。

朱熹并不反对人欲。他认为属于生存正当要求的是天理，超出正当要求的才是他说的人欲。他说："饮食者，天理也；要求美味，人欲也。"有这样的区分是好的，但是尚不能反映问题的实质。

其五，用道心战胜人心，用天理战胜人欲。

说到这里，就回到《中庸章句序》上面来了。

朱熹在《中庸章句序》里提到，有"形气之私"而产生人心，"性命之正"产生"道心"。这两种心都存在于一个人身上。怎么办？朱熹是这样说的：

人心惟危，道心惟微，论来只有一个心，那得有两样？只就它所主而言，那个便唤作人心，那个便唤作道心。人心如口之于味，

---

① 朱熹：《朱子四书语类》，上海古籍出版社，1992，第968页。
② 朱熹：《朱子四书语类》，上海古籍出版社，1992，第970页。
③ 朱熹：《朱子四书语类》，上海古籍出版社，1992，第969页。

目之于色，耳之于声，鼻之于臭，四肢之于安佚，若以为性所当然，一向惟意所欲，却不可。盖有命存焉，须着安于定分，不敢少过，始得。道心如仁之于父子，义之于君臣，礼之于宾主，智之于贤者，圣人之于天道，若以为命已前定，任其如何道不尽心，却不可。盖有性存焉，须着尽此心，以求合乎理，始得。①

这也就是朱熹说的"使道心常为一身之主，而人心每听命焉"，人们的动、静、说话、做事，自然就没有过头或不及的差错了。

由此观之，朱熹对《中庸》的注释，是服从理学的需要的。他说，《中庸》坚持的是"道统"，三纲五常是天理早就规定了的，因此，维护道统是符合天理的。

---

① 朱熹：《朱子四书语类》，上海古籍出版社，1992，第950页。

第十四章　对朱熹天理理论的研判

一、朱熹哲学特征是客观唯心主义

写到这里，我们对朱熹的唯心主义特征就可以最后定性了。他的唯心主义属于客观唯心主义。其特征是：

"认为客观精神（心灵）或精神的原则先于物质世界并独立于物质世界而存在，是第一性的"，"代表人物有中国的朱熹（理在气先）"，"客观唯心主义把人的意识和一般概念绝对化，看作是脱离并先于物质世界和具体事物而客观独立存在的东西"。[①]

这是哲学词典给客观唯心主义下的定义，朱熹实在太典型了。他认为一个事物未出现时，已经先有一个理在那儿等着，叫作"未有这事，先有这理"。拿这个理论运用到社会上，就变成封建社会的三纲五常是天理老早就规定的，不能改变的。他说得非常明白："如未有君臣，已先有君臣之理。未有父子，已先有父子之理。不成元无此理，直待有君臣父子，却旋将道理入在里面。"[②]

朱熹的这个理论是维护封建统治的。如果这个理论成立，则中国封建制

[①] 辞海编辑委员会：《辞海·哲学分册》，上海辞书出版社，1980，第53页。
[②] 黎靖德：《朱子语类》，中华书局，1986，第2436页。

度应该是永恒的。

这个理论是经不起历史和社会实践检验的。

二、对"天理"决定"三纲五常"理论的具体分析

朱熹说:"未有这事,先有这理。如未有君臣,已先有君臣之理。未有父子,已先有父子之理。"这完全是维护封建统治的歪理。他的用意是说,这些关系是天理决定的,永恒的,不可改变的。这是朱熹提倡"存天理"的出发点。古人不懂得,由他瞎说也就罢了。现代人还跟着瞎说,就显得无知了。

恩格斯的《家庭、私有制和国家的起源》一书,可以明白无误地告诉我们,朱熹在这个问题上的所有错误。列宁评价这本著作时说:

> 这是现代社会主义主要著作之一,其中每一句话都是可以相信的,每一句话都不是凭空说出,而都是根据大量的历史和政治材料写成的。[①]

这是列宁在斯维尔德洛夫大学演讲时说的。笔者不可能详尽地引用这本著作,只能根据其精神作些简单说明。

"三纲"是君为臣纲,父为子纲,夫为妻纲。"五常"是君臣、父子、夫妇、兄弟、朋友五种人伦关系,《中庸》称五者为"天下之达道"。这方面朱熹和《中庸》是一脉相通的,他在《中庸章句》中说,"达道者,天下古今所共由之路"。果真是这样吗?笔者认为是"否"!

"三纲五常"属于社会上层建筑,它不是有了人类就有的,是人类社会发展到一定阶段的产物,上层建筑要与社会生产力和经济基础相适应,不可能孤立存在。

---

① 中共中央马克思恩格斯列宁斯大林著作编译局:《列宁选集》(第四卷)上册,人民出版社,1960,第43页。

人类的出现，朱熹和他的弟子认为只是万年以内的事，而且第一个人的产生，是"气化"而成。

（弟子）问："自开辟以来，至今未万年，不知已前如何？"

（朱熹）曰："已前亦须如此一番明白来。"

问："生第一个人时如何？"

（朱熹）曰："以气化。二五之精合而成形，释家谓之化生。如今物之化生甚多，如虱然。"①

从现代考古学已知，人类的出现距今有数百万年。恩格斯根据摩尔根的研究成果（指摩尔根《古代社会》一书），将人类发展分为蒙昧时代、野蛮时代和文明时代。摩尔根认为"曾经存在过一种原始的状态，那时部落内部盛行毫无限制的性交关系，因此，每个女子属于每个男子，同样，每个男子也属于每个女子"②。

恩格斯说：

我们发现历史上可以确切证明并且现在某些地方还可加以研究的最古老、最原始的家庭形式是什么呢？那就是群婚，即整个一群男子与整个一群女子互为所有，很少有嫉妒余地的婚姻形式。③

道学先生们看到这些文字，一定会咬牙切齿大骂："乱伦！"其实，这以前根本没有"伦"，无伦可乱。"伦"是经过了百万年时间才建立起来的。那时，没有现代意义的父亲和儿子。所以，那时男性之间没有父子兄弟的概

---

① 黎靖德：《朱子语类》，中华书局，1986，第7页。
② 恩格斯：《家庭、私有制和国家的起源》，载《马克思恩格斯选集》（第四卷），人民出版社，1972，第57页。
③ 恩格斯：《家庭、私有制和国家的起源》，载《马克思恩格斯选集》（第四卷），人民出版社，1972，第30页。

念，朱熹说的"未有父子，已先有父子之理"根本不成立。父子兄弟尚且分不清，哪来的君臣？这样的"婚姻"（当时没有婚姻）方式存在的时间是以百万年来计算的。

后来，渐次出现了家庭，恩格斯列出了四种家庭形式。

第一种家庭形式：最早的家庭是血缘家庭，婚姻集团是按辈分划分的，在家庭范围内的所有祖父和祖母都互为夫妻，他们的子女，即父亲和母亲，也是如此。第三代，父亲和母亲这一辈的子女也是如此。现在看来这很荒唐，但当时这是人类性交关系的一个进步，它排斥了祖先和子女之间、双亲和子女之间互为夫妻的权利和义务。

对于人类若干万年前有过的这些性行为不必感到惊奇和厌恶，就在恩格斯在世时（距今才100多年）地球上这些现象还有。他说：

不仅兄弟和姊妹起初曾经是夫妇，而且父母和子女之间的性交关系今日在许多民族中也还是允许的。班克罗夫特（《北美太平洋沿岸各州的土著民族》1875年版，第1卷）证明，白令海峡沿岸的加惟基人，阿拉斯加附近的科迪亚克岛上的人、英属北美内地的提纳人，都有这种关系。①

第二种家庭形式：人类又向前了一步，出现了"普那路亚（夏威夷语）"家庭。这种家庭的特点是，同胞的或血统较远的表姊妹或更远一些的表姊妹，是她们共同丈夫们的共同的妻子，但这些"共同丈夫们"一定要排除她们的兄弟。这些丈夫彼此不再互称兄弟，而是互称为"普那路亚"，即亲密的伙伴。同样，同胞的或血统较远的兄弟跟若干数目的女子共同结婚，这些女子中一定没有他们的姊妹。这些妻子互相也称"普那路亚"。这种婚姻排除了兄弟、姊妹间的性交关系，是一个重要进步。

---

① 恩格斯：《家庭、私有制和国家的起源》，载《马克思恩格斯选集》（第四卷），人民出版社，1972，第30页。

恩格斯对这一进步给予了很高的评价。他说：

> 不容置疑，凡血亲婚配因这一进步而受到限制的部落，其发展一定要比那些依然把兄弟姊妹之间的结婚当作惯例和义务的部落更加迅速，更加完全。①

这句话说简明一些就是：排除兄弟姊妹之间性交关系的部落，比没有排除这种性交关系的部落发展得更快，更完全。

摩尔根说这是自然选择原则发生作用的最好例证。

恩格斯的评价还不止此。他说：

> 这一进步影响的强大，直接引起了氏族的建立，"它构成地球上即使不是所有的也是多数的野蛮民族的社会制度的基础，并且在希腊和罗马我们还由氏族直接进入了文明时代。"②

这是向我们说明，这些规则的进步，这些"理"的出现，是人类从婚姻实践中逐步认识到的，朱熹说的三纲五常是天理，早在那儿等着，是"未有此事，先有此理"，这些说法明显不正确。

第三种家庭形式是对偶家庭。对偶家庭指的是：一个男子在许多妻子中有一个主妻，而他对于这个女子来说也是她的许多丈夫中的一个主夫，但并不排斥与其他异性保持两性关系。这是从群婚制向一夫一妻制过渡的婚姻家庭形式，也是原始社会时期最后一个婚姻家庭形式。恩格斯说：

> 对偶家庭产生于蒙昧时代和野蛮时代交替的时期，大部分是在

---

① 恩格斯：《家庭、私有制和国家的起源》，载《马克思恩格斯选集》（第四卷），人民出版社，1972，第33页。
② 恩格斯：《家庭、私有制和国家的起源》，载《马克思恩格斯选集》（第四卷），人民出版社，1972，第33-34页。

蒙昧时代高级阶段，只有个别地方是在野蛮时代低级阶段。这是野蛮时代所特有的家庭形式，正如群婚之于蒙昧时代，一夫一妻制之于文明时代一样。①

这种家庭产生的原因，在于人类认识到了血缘亲属结婚的弊病，禁止血缘亲属结婚的规定越来越多，有的多达数百种。群婚越来越不可能，一个男子和一个女子共同生活相对稳定的家庭产生，群婚就被这样的对偶家庭排挤了。

在这种越来越排除血缘亲属结婚的事情上，自然选择的效果也继续表现出来。摩尔根说，"没有血缘亲属关系的氏族之间的婚姻，创造出在体质上和智力上都更强健的人种"，实行氏族制度的部落便对落后的部落取得上风。②

这种对偶家庭，本身还很脆弱，还很不稳定，不能使人有建立自己家庭经济的需要，因此，它没有使早期传下来的共产制经济解体。而共产制经济的存在，意味着妇女在家庭经济内的统治。

恩格斯说：

在一切蒙昧人中，在一切处于野蛮时代低级阶段、中级阶段、部分地也处于高级阶段的野蛮人中，妇女不仅居于自由的地位，而且居于受到高度尊敬的地位。③

如果婚姻破裂，男子只得收拾行李，离开家庭，子女仍然只属于母亲。

在这样的对偶家庭，女子还可以不止有一个丈夫，因而她生下的孩子的父亲不能确定是当时的常态。我们的古人如实地记录了这种状况，又按儒家学者的需要编造了相应的故事，进行粉饰：

《史记·秦本纪》：

---

① 恩格斯：《家庭、私有制和国家的起源》，载《马克思恩格斯选集》（第四卷），人民出版社，1972，第48页。
② 恩格斯：《家庭、私有制和国家的起源》，载《马克思恩格斯选集》（第四卷），人民出版社，1972，第42页。
③ 恩格斯：《家庭、私有制和国家的起源》，载《马克思恩格斯选集》（第四卷），人民出版社，1972，第43页。

秦之先，帝颛顼之苗裔孙曰女脩。女脩织，玄鸟陨卵，女脩吞之，生子大业。

大业，就是秦人的祖先，其生父是不明确的。《史记索隐》称："女脩，颛顼之裔女，吞鳦（《辞源》注为"燕"）子（"吞燕子"是吞燕卵）而生大业，其父不著。"一个女人，吞鸟蛋就能生孩子，朱熹难道没读过《史记》？能不知道这样记载是不真实的？生的孩子来历不明，朱熹这等伦常维护者为什么缄口不言？

《史记·周本纪》：

周后稷，名弃。其母有邰氏女，曰姜原。姜原为帝喾元妃。姜原出野，见巨人迹，心忻然说，欲践之，践之而身动如孕者。居期而生子，以为不祥，弃之隘巷，马牛过者皆辟不践……，初欲弃之，故名曰弃。

《史记索隐》：

谯周以为"弃，帝喾之胄，其父亦不著"。

这个找不到父亲的弃，就是周文王的祖先。

《史记·殷本纪》：

殷契，母曰简狄，有娀氏之女，为帝喾次妃。三人行浴，见玄鸟堕其卵，简狄取吞之，因孕生契。

《史记索隐》：

谯周云："契生尧代，舜始举之，必非喾子。以其父微，故不著名。"

以上几例，是追述秦、周、殷的祖先，共同特点是父亲的身份不明确。除去吞鸟卵、践巨人迹这些托词，可知那时的人只知有母、不知有父是真实的，古人没有回避这个问题，记录了下来。这是证明，在尧舜那个时代，我国古代一夫一妻制度尚未定型，恩格斯所说的"对偶家庭"在中国古代也是存在的。这进而证明，在这样的家庭制度中，朱熹说的"夫为妻纲"当时也未完全形成。

这三个人可不是一般人。《汉书·古今人表》将已知人物分为三等九级，一等一级的称为"上上，圣人"都是所谓帝王。一等二级的称为"上中，仁人"，弃和契都在这一类。按朱熹时代的观点，女子杂婚所出者地位低下，而恰恰这些高尚的贤人的来历居然也是如此，这让朱熹的伦理理论情何以堪！

第四种家庭形式是一夫一妻制家庭。

> 恩格斯说："根据唯物主义观点，历史中的决定性因素，归根结蒂是直接生活的生产和再生产。但是，生产本身又有两种，一方面是生活资料即食物、衣服、住房以及为此所必需的工具的生产，另一方面是人类自身的生产，即种的蕃衍。""劳动愈不发展，劳动产品的数量、从而社会的财富愈受限制，社会制度就愈在较大程度上受血族关系的支配。"[①]

随着生产力的发展，财富的增加，一夫一妻制家庭就在野蛮时代的中级阶段和高级阶段交替的时期从对偶家庭中产生出来。"它是建立在丈夫的统治之上的，其明显的目的就是生育确凿无疑的出自一定父亲的子女；而确定出生自一定父亲之所以必要，是因为子女将来要以亲生的继承人的资格继承他

---

① 恩格斯：《家庭、私有制和国家的起源》，载《马克思恩格斯选集》（第四卷），人民出版社，1972，第2页。

们父亲的财产。"① 到了这个时候，才可以称得上"夫为妻纲，父为子纲"。

社会的产物，有产生就有灭亡。事物是不停地运动着的，由于生产力的发展，人在社会经济生活中地位的变化，妇女的日益独立，三纲五常最终消亡。

三、对"人欲"的重新认识

"存天理，灭人欲"，是朱熹理学的重要主张。

他说："人之一心，天理存，则人欲亡；人欲胜，则天理灭。未有天理人欲夹杂者。"②

"人只有个天理人欲，此胜则彼退，彼胜则此退，无中立不进退之理。"③

他的话有两层意思。

其一，天理、人欲共处人心这个共同体中。例如：

> （弟子）问："先生言：天理人欲，如砚子，上面是天理，下一面是人欲。"
>
> （朱熹）曰："天理、人欲常相对。"④

其二，天理为公，人欲为私；天理为是，人欲为非。天理应该战胜人欲。朱熹说：

> 有个天理，便有个人欲。盖缘这个天理须有个安顿处，才安顿得不恰好，便有个人欲出来。⑤

---

① 恩格斯：《家庭、私有制和国家的起源》，载《马克思恩格斯选集》（第四卷），人民出版社，1972，第57页。
② 黎靖德：《朱子语类》，中华书局，1986，第224页。
③ 黎靖德：《朱子语类》，中华书局，1986，第224页。
④ 黎靖德：《朱子语类》，中华书局，1986，第224页。
⑤ 黎靖德：《朱子语类》，中华书局，1986，第223页。

"凡一事便有两端：是底即天理之公，非底乃人欲之私。①

学者须是革尽人欲，复尽天理，方始是学。②

不为物欲所昏，则浑然天理矣。③

朱熹为人耿直，也是儒家学者对皇帝的忠诚所致，他就敢拿天理、人欲直接批评皇帝。《宋史》记载，宋孝宗淳熙十五年（1188年），压制朱熹的宰相王淮被罢免，朱熹获准入奏。有人知道他要"放炮"，"要之于路""戒勿以为言"（半路上拦住他，告诫他不要讲），朱熹不听，还是直说了：

陛下即位二十七年，因循荏苒，无尺寸之效可以仰酬圣志。尝反复思之，无乃燕闲蠖濩之中，虚明应物之地，天理有所未纯，人欲有所未尽，是以为善不能充其量，除恶不能去其根。一念之顷，公私邪正、是非得失之机，交战于其中。

愿陛下自今以往，一念之顷，则必谨而察之：此为天理耶，人欲耶？果天理也，则敬以充之，而不使其少壅阏。果人欲也，则敬以克之，而不使其少有凝滞。（《宋史》卷一百八十八）

但是，从中我们也能看出，朱熹对于天理、人欲的论述，始终比较笼统，没有深入下去。其实，他也无法深入下去。再大的胆子，他也只能说："饮食者，天理也；要求美味，人欲也。"到此为止，就掩盖了社会的主要矛盾。

我们要指出两点：

第一，朱熹所要灭的"人欲"，问题不在"欲"，而在于"人"。不同

---

① 黎靖德：《朱子语类》，中华书局，1986，第225页。
② 黎靖德：《朱子语类》，中华书局，1986，第225页。
③ 黎靖德：《朱子语类》，中华书局，1986，第224页。

的人，有不同的欲。朱熹恰恰放过了"人"。那些整天肉山酒海、搜刮民脂民膏的人，才是"人欲"的源头，重点在朝廷。诚然，朱熹担任官职的时候，与贪官恶吏进行过斗争，也给朝廷上过书，这是他做得好的地方。但他在理论方面，不能尽其详，这是由他的阶级局限性所决定的。有些话他也不敢讲，结果是，"灭人欲"的板子只打在了普通民众身上。

其二，朱熹说"饮食者，天理也；要求美味，人欲也"。这样的区分未免过于简单，我们要具体分析。

朱熹没有说清楚，正常的人欲要求属于天理，是不应该消灭的。要消灭的是非正常的人欲要求。什么是"正常""非正常"呢？时代不同，认识也不同，这一点很好理解。

人欲，在远古时代，是人的基本生存欲望。那时的要求简单，能活下去就行。后来有了社会生产，这也是为了满足人的生活欲望才发展起来的。恩格斯说："历史中的决定性因素，归根结底是直接生活的生产和再生产。"实际上是人要求改善生活的欲望推动着生产力的发展。

阶级社会的罪恶是占人口少数的剥削者为了满足自己的欲望剥夺了占人口大多数的人的欲望。

而如今的社会主义社会，发展生产的根本目的，就是为了提高人民的生活水平。现在，我们普通人的生活水平迅速提升，这是发展生产力的结果。随着科技水平的提高，人们的生活状况改善了还要再改善，不会停止。从这个角度说，符合广大人民利益的"人欲"不但不应"灭"，还应使其旺盛昂扬。

由此可知，笼统地说"灭人欲"是不恰当的。

我们要消灭的是剥削者、不劳而获者的人欲；我们要保护和张扬的是劳动人民的人欲。这是我们和朱熹不同的人欲观。

四、对"性善"问题的分析

孟子明确提出"性善"学说，他说人皆可以为尧舜。实际上"庶民"做不了尧舜。他主要是对梁惠王等诸侯说的，劝他们行仁政。这个主题在

《孟子》一书里占的篇幅不小。朱熹等人继承了这一思想，并且比孟子还做得深入。孟子只说到尧舜为善，朱熹则说整个"天理"就是善，拔得更高。

《中庸》也有类似观点。

《中庸》第三十章提到了"万物并育而不相害，道并行而不相悖"的观点，这是建立在当时认识浅薄上面的。它的前提是"辟如天地之无不持载，无不覆帱；辟如四时之错行，如日月之代明"。就这几样东西，就这几个现象：天，覆盖了所有事物，地，承载了所有事物，春、夏、秋、冬四时交替运行，白天日头照明、晚上月亮照明——各行其是，互不影响。于是，结论是："万物并育而不相害，道并行而不相悖。"

其实，"万物并育而不相害"是唯心主义，根本不能证明天理的性善。这个问题，在朱熹那个时代，人们是难以辨别清楚的，几百年以后，到了现在，应该是可以说清楚了。

质言之，天理性善不存在。

（一）天理无所谓善恶

善和恶是人类的社会概念，也不是人类一出现就有的，是后来才有的。天理的善恶是人为加上去的。

早在人类出现以前，地球生物就已经繁衍起来，已经呈现大鱼吃小鱼，小鱼吃虾米的现象。有些哺乳动物以别的动物为食，是天经地义的，它们就是这么生存下来的，没有善恶可言。

一定要说善恶，它们也只是一件事物的两面，恶同时是善，善也同时是恶。我们看纪录片《动物世界》，成年狮子捕猎斑马、野牛等动物，好像非常残暴凶恶。但是，它给幼狮吃，自己在一旁保护着，这不是很善良吗？一只鸟叼来一只虫子，虫子在鸟喙挣扎，这是对虫子的残害。但鸟喂给自己的雏鸟，这不是很慈爱吗？所以，善和恶是同时存在于一个共同体中的矛盾现象。就算它自己吃掉，也不全是恶，养活了它自己也是善。

生物界中互相你吃我，我吃它，一天也未停止过。不这样就不能生存，就不能发展，就不是世界。互相残害（这个词也是人类社会概念），这就是天理，此外再无别的理。恩格斯说：

> 一切动物对食物都是非常浪费的，并且常常摧毁还在胚胎状态中的食物。狼不像猎人那样爱护第二年就要替它生小鹿的牝鹿；希腊的山羊不等幼嫩的灌木长大就把它们吃光，它们把这个国家的所有山岭都啃得光秃秃的。[1]

恩格斯接着写道：

> 动物的这种"滥用资源"在物种的渐变过程中起了重要的作用，因为它逼迫着动物去适应和平常吃的不一样的食物，因此它们的血液就有了和过去不一样的化学成分，整个身体的结构也渐渐变得不同了，至于一下子固定下来的物种，那就灭绝了。毫无疑义，这种滥用资源有力地促进了我们的祖先变成人。……总之，就是食物愈来愈复杂，因而输入身体内的材料也愈来愈复杂，而这些材料就是这种猿转变成人的化学条件。[2]

人类对自然的破坏，必然遭到自然界的报复，因此伤害总是互相的。恩格斯写道：

> （人类对于自然界的胜利）"每一次这样的胜利，自然界都报复了我们。""美索不达米亚、希腊、小亚细亚以及其他各地的居民，为了想得到耕地，把森林都砍完了，但是他们梦想不到，这些地方今天竟因此成为荒芜不毛之地，因为他们使这些地方失去了森林，也失去了积聚和贮存水分的中心。"[3]

---

[1] 恩格斯：《自然辩证法》，载《马克思恩格斯选集》（第三卷），人民出版社，1972，第513页。
[2] 恩格斯：《自然辩证法》，载《马克思恩格斯选集》（第三卷），人民出版社，1972，第513页。
[3] 恩格斯：《自然辩证法》，载《马克思恩格斯选集》（第三卷），人民出版社，1972，第517页。

（二）善恶同时共处一体

人类为了生存，对野生动物滥捕乱杀，破坏它们生存的空间，搞得它们活不下去，害了它们，发展了人类自己。这是"万物并育而不相害"的反证。

一句话，所有科学研究成果都证明，和《中庸》说得完全相反，不是什么"万物并育而不相害"，而是"万物在相害中在相互影响中并育"。比如，狮子追逐斑马是相害，斑马在逃亡时的奔跑则使自己变得更强壮，相害变成了对它的发育的促进。

除了生物界，天体、自然界也是互相"侵害"的。陨石撞击地球，太阳风暴影响地球，地震造成地质变化，等等，都是"万物并育而不相害"的反证。

这些到底是善还是恶？在这一点上，庄子看得比较透。他在《齐物论》里写道："物无非彼，物无非是"（事物无非就是那一面和这一面，是同一个东西），"彼出于是，是亦因彼（事物的那一面，出自事物的这一面；事物的这一面的产生，也依赖着事物的那一面）。彼、是，方生之说也（那一面和这一面，只是相生相存的两个方面的说法而已）"，"是亦彼也，彼亦是也"（事物的这一面，也就是事物的那一面；事物的那一面，也就是事物的这一面）。所以，善和恶是一个事情的两个方面。

人类出现阶级以后，善和恶都有了阶级性，世上没有了统一的善和恶。恩格斯说："文明时代所产生的一切都是两重的，口不应心的，分裂为二的，自相矛盾的。"①

朱熹所处的时代也不例外，只是他们认识不到，或者是不能面对。

（三）善恶因阶级立场不同而标准各异

善恶因阶级立场不同而标准各异，是阶级社会善恶标准的分裂和善恶标准的选择的问题。同一个人，同一件事，不同立场的人看法不一样。在这种

---

① 恩格斯：《家庭、私有制和国家的起源》，载《马克思恩格斯选集》（第四卷），人民出版社，1972，第62页。

情况下，如果人们脱离阶级立场，一定要求得出统一的善或恶，是行不通的。

在现实生活中，衡量一个人的善或恶，有家庭标准，还有社会标准（在有阶级的社会还有阶级标准）。换一个角度说，一个人有家庭价值，还有社会价值。社会价值代表多数人的利益，代表历史前进的方向，善恶标准必须用社会价值去衡量。

朱熹说的"天理"性善是没有根据的。前提没有力量，朱熹理学的价值就大打折扣了。

天理无所谓性善，也无所谓性恶。本文所论也适用于对《荀子·性恶篇》意见的否定。

荀子的立论是"人之性恶，其善者伪也"。他推论说："今人之性，生而有好利焉，顺是，故争夺生而辞让亡焉；生而有疾恶焉，顺是，故残贼生而忠信亡焉；生而有耳目之欲，有好声色焉，顺是，故淫乱生而礼义文理亡焉。然则从人之性，顺人之情，必出于争夺，合于犯分乱理而归于暴。"

荀子的议论是矛盾的，也是站不住脚的。他所说的"人"是"社会人"，不是原始人。他说，人本来生而好利，顺着这种性情发展，就产生争夺，辞让的精神就丧失了。人本来有疾恶、仇恨心理，顺着这种性情发展，残贼之人产生了，因此忠信就消失了。人本来有耳目的欲望，喜好声色，顺着这个性情发展，因而产生了淫乱，礼义文理就丧失了。他的结论是，这样一来，放纵人的本性，顺着人的情欲，必然发生争夺，出现违犯等级名分、破坏社会秩序的状况，从而导致暴乱。

按荀子的意见，人生而好利，生而疾恶，生而有耳目之欲，及好声色，这三者表示性恶。人又有辞让、忠信、礼义文理三者，由于前三者的放纵，造成了后三者的丧失，并导致暴乱。我们说这些都不是几百万年前的原始人类的现象。好利、疾恶、辞让、忠信等都是离我们现在比较近的一万年左右或数千年前就存在的社会现象，原始人不懂这些。因此，荀子的性恶论也是不能成立的。荀子所列举的性恶是社会发展的产物。